Power E-mail

20 Strategies for Writing Professional E-mails

海外事業・ビジネスコミュニケーションアドバイザー
小林誠

国際基督教大学特任講師
ダニエル・ブルックス

ダイヤモンド社

まえがき

　英文ビジネスメールを書くときに、四苦八苦した経験を持つ人は少なくないと思います。頼みづらいお願い、なかなか応じてくれない相手への催促や説得、大事な相手からの依頼を断ることや、自分のミスの謝罪――などは日本語のメールでもどう書いたらいいのか悩むところでしょう。

　本書は、そんな難しい局面での英文メールの書き方を20の鉄則としてまとめたものです。私（小林）の海外ビジネスでの経験をもとに、日本をよく知るイギリス人大学講師・ダニエル先生とともに練り上げました。

　これらの鉄則を使うことで、丁寧すぎたり、かんたんに謝ってしまったり、必要以上に低姿勢になってしまいがちな日本のビジネスパーソンでも、相手を動かし、ビジネスを有利に進める「パワーメール」が書けるようになります。

　私は約30年間、欧米、アジア、オセアニア、アフリカなどに医療関係の製品などを販売してきました。ドイツやシンガポールに計９年間駐在し、40カ国以上を訪れ、世界の数多くの国の人々とビジネスをしてきました。その後も、JETRO の中小企業海外進出支援事業の専門家として活動し、いろいろな業界の方々と海外ビジネスを行いました。現在も企業の海外進出のお手伝いをしています。

　世界にはさまざまなビジネスの相手がいますが、どのような相手でも、ビジネスを発展させるコミュニケーションのルールには共通するものがあります。それを理解すればビジネスはやりやすくなります。

今や欠かせないコミュニケーションツールであるメールもそうです。**メールには、ビジネスの場面ごとにそれぞれ違った書き方のルールがあるのです。それを知っているのと知らないのとでは、ビジネスの結果に大きな違いが生じます。**

20の鉄則を駆使すれば、たとえ英語力で劣っていても、海外のビジネスパースンに勝るメールを書くことが可能です。

体裁だけ整えたメールから、ビジネスを前進させるパワーメールへ。

それではさっそく、本書の構成と使い方から見ていきましょう。

本書の構成と使い方

本書では、ビジネスパーソンに知ってほしい英文メールのテクニックを20の鉄則にまとめました。鉄則ごとに５つのステップで解説します。

STEP 1  **残念なメール**

日本のビジネスパーソンが書いてしまいがちな「残念なメール」の例です。

STEP 2  **残念なメール ここが原因！**

残念なメールのどこがダメなのかを解説します。（一つひとつの文は英文として問題ありません）

STEP 3 **書き直してパワーメールに！**

「鉄則」を使って書き直したメールです。読み手に書き手の本意が伝わり、ビジネスを前進させる力のある「パワーメール」になりました。

STEP 4  **パワーメールのポイント**

パワーメールの要点を解説します。

STEP 5  Native Speaker Rewrite

ネイティブの自然な英語で書いたらどうなるか、あまり鉄則にとらわれないで書いてもらいました。ダニエル先生はイギリス出身ですが、アメリカ英語の雰囲気も取り入れています。

さらに、実践編として、鉄則を活用した**ケーススタディを10ユニット**用意しました。

重要度と難易度は★で表示

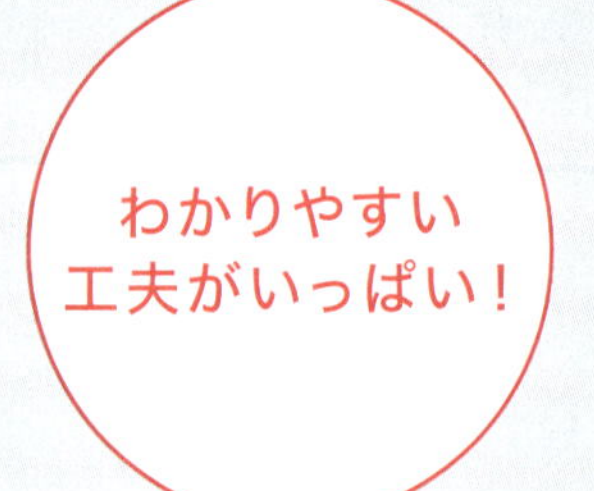
わかりやすい
工夫がいっぱい！

鉄則 16 依頼・説得

重要度 ★★☆
難易度 ★★☆

指図はするな。相手の自由意思で決めさせる。

ビジネスの相手から依頼されたり指示を受けたりすると、人は快くは感じません。しかし、自分の意思で決めたことであれば、たとえイヤなことでも自分で納得しようとします。

相手に右に動いてもらいたい場合は、右に行くように指図やお願いをするのではなく、**右に行かざるを得ない状況を示し、あとは相手の意思で決めてもらうと、話はスムーズに運びます。**

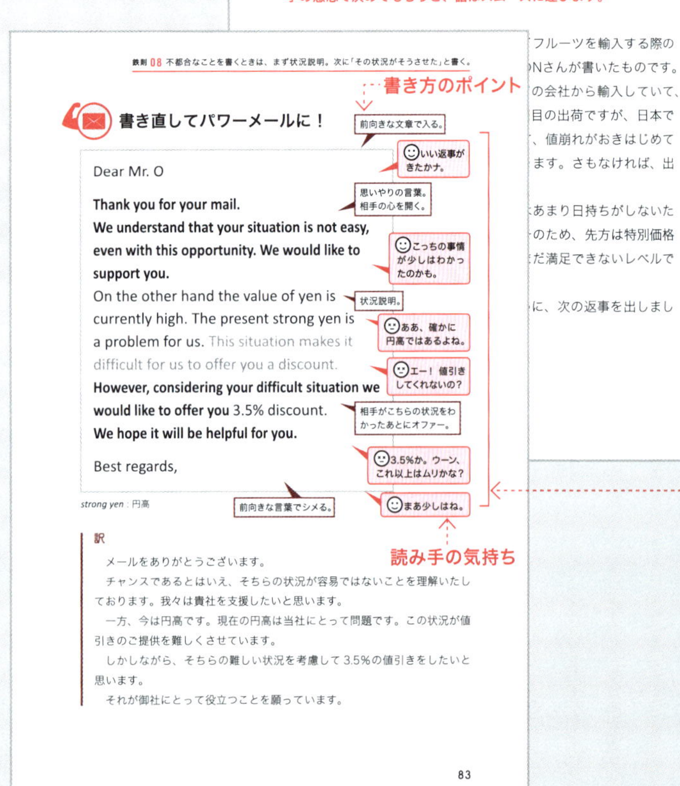
鉄則 08 不都合なことを書くときは、まず状況説明。次に「その状況がそうさせた」と書く。
書き方のポイント
書き直してパワーメールに！
前向きな文章で入る。
いい返事がきたかな。
Dear Mr. O
思いやりの言葉。相手の心を開く。
Thank you for your mail.
We understand that your situation is not easy, even with this opportunity. We would like to support you.
こっちの事情が少しはわかったのかも。
On the other hand the value of yen is currently high. The present strong yen is a problem for us. This situation makes it difficult for us to offer you a discount.
状況説明。
ああ、確かに円高ではあるよね。
エー！ 値引きしてくれないの？
However, considering your difficult situation we would like to offer you 3.5% discount.
相手がこちらの状況をわかったあとにオファー。
We hope it will be helpful for you.
3.5%か。ウーン、これ以上はムリかな？
Best regards,
前向きな言葉でシメる。
まあ少しはね。
strong yen：円高
読み手の気持ち
訳
メールをありがとうございます。
チャンスであるとはいえ、そちらの状況が容易ではないことを理解いたしております。我々は貴社を支援したいと思います。
一方、今は円高です。現在の円高は当社にとって問題です。この状況が値引きのご提供を難しくさせています。
しかしながら、そちらの難しい状況を考慮して3.5%の値引きをしたいと思います。
それが御社にとって役立つことを願っています。
83
フルーツを輸入する際の
Nさんが書いたものです。
の会社から輸入していて、
目の出荷ですが、日本で
、値崩れがおきはじめて
ます。さもなければ、出
あまり日持ちがしないた
のため、先方は特別価格
だ満足できないレベルで
に、次の返事を出しまし

読み手の気持ち

メールの読み手はどう思うか、読み手の気持ちをふき出しにしました。

太字は「ポジティブ」、普通の字は「中立」、グレーの字は「ネガティブ」

メール本文は、太字、普通の字、グレーの字に分けました。

- 太字：積極的で好ましい文
- 普通の字：ニュートラル（中立的）な文
- グレーの字：否定的で後ろ向きな印象の文

通常のメールであれば、太字が多いほど良いメールで、グレーは少ない方がベターです。ビジネスメールではネガティブなことを書かなければならない場合もありますが、できるだけグレーを少なくし、いかにして太字を増やしていくかが１つのポイントになります。

※実際にメールを書くときは、特別な理由がない限り、本文は同じ書体・大きさ・太さで書きます。上記は読者のみなさんに、本書の意図が伝わりやすいよう使い分けたものです。

鉄則 16 指図はするな。相手の自由意思で決めさせる。

残念なメール

Dear Mr. S

Many thanks for your special offer.

At the moment, in order to sell our current stock of kiwis, we have to offer them to our customers at only US$12/kg. We are not sure how the market will change in the future.

Under such circumstances, can we ask you to consider the following price to ship the third shipment of this year?

CIF Price : US$11.00 per kg

Kindly let us know your thoughts.

Warm regards,

kiwi：ここではキウイフルーツの意味。正式には kiwi fruit。kiwi はニュージーランド産の飛べない鳥のこと
CIF：cost, insurance & freight の略。コスト（商品の価格）に保険料、運賃を加えた値段

訳

特別価格のご提供をありがとうございます。

現時点で、キウイの在庫品を売るためには、当社はたったキロ 12 米ドルで顧客にオファーしなければなりません。市場が今後どう変わっていくか、確かなことはわかりません。

このような状況下で、今年３回目の出荷をするために、下記の値段を考えていただくことをお願いできますでしょうか？

CIF 価格：キロ当たり US$11.00

御社のお考えをお聞かせください。

155

語注

難しい単語、特に覚えておきたい単語など。

訳

日本語訳は、鉄則の使い方をよりわかりやすくするために、あえて不自然な日本語にしている箇所や意訳もあります。また、冒頭の「〇〇様」と末文（敬具など）の訳は省略しました。

「書き直したパワーメール」には、書き方のポイントと読み手の気持ち

本書を見返す際には、このパワーメールのふき出し部分を見るだけで、鉄則の要点が確認できます。

第2章

依頼、催促、謝罪、提案…鉄則を使ったケーススタディ10 ……207

難しいビジネスシーンもパワーメールでなら乗り越えられる！
説得力のあるメールをスピーディーに書く応用編

第1章

ビジネスで差がつくパワーメールはこう書きなさい

約2万通の英文メールをやり取りしたビジネスマンと
ネイティブスピーカーが教える英文メールのテクニック

アポイントを取る

重要度★★★
難易度★☆☆

相手が気持ちよくこちらの言うことを聞く3つのポイント。

- **出だしはThank you。**
- **用件はまず結論から。その後に、なぜならば。**
- **最後はポジティブな言葉でしめくくる。**

相手がこちらのメールを読むとき、初めに相手の心が開いた状態になれば、話は順調に進みます。逆に、最初に相手を警戒させたり不愉快な気分にさせてしまうと、相手は心を閉じ、簡単な話も進みづらくなります。いったんそうなると挽回はなかなか大変。だからメールの出だしはとても重要なのです。**相手が気持ちよく感じる言葉でビジネスメールをスタートさせましょう。**

次に、メールは通常は結論から書きます。理由や説明はその後。**用件が３つ以上ある場合は箇条書き。**簡潔でわかりやすくなり、ビジネスメールとしてシマリがでます。書く方としてもその方が簡単です。特に大事な用件の場合は、２つでも箇条書きに。

最後は、再び相手にとって心地よい文章で終わり、後味を良くします。

この構成でメールを書くと、相手に受け入れられやすいメールになります。相手から好ましい返事が来ることが多くなり、ビジネスは順調に進むでしょう。この書き方はビジネスメールの基本中の基本です。

ビジネスでは、相手にとって不快なことを言わなければならないケースがよくありますが、たとえ不愉快な内容であったとしても、メールの始めと終わりを相手が心地よく感じる文章にすると、読み手の不快感は和らぎます。

次のメールは、Aさんが上司と一緒に海外の代理店へ訪問したいということを相手に伝え、アポを取るために書いたメールです。今期の販売予測と来期の販売計画をもっと詳しく話し合いたいからです。相手にとってはあまり心地よくない議題です。

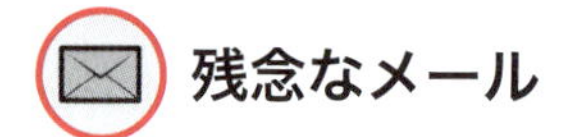

残念なメール

Dear Mr. Y

The third quarter of the financial year is ending. We like to hear your prospect for the financial year. And also we would like to discuss the sales plan for the next financial year and **explain our new products.** We received the information mentioned above in your report last week. But it is not enough for us.
Mr. Suzuki and I would like to visit you in the third week of January if possible. Is this convenient for you?

Best regards,

何かめんどくさいことを言ってきたのかナ。ややキンチョウ。

また売上の話？ レポートはもう出したのに。

ケッコウ苦労して書いたレポートなのに、あれじゃダメなの!!

エー！ 来るの？ 来なくていいよ！

third quarter：第３四半期
financial year：会計年度
prospect：見通し
convenient：都合の良い

訳

会計年度の第３四半期が終わりに近づいてきました。貴社の今年度の見通しをお聴きしたいと思います。そして来年度の販売計画についても話し合い、新製品の説明もしたいと思っております。

上記の情報は先週レポートでいただきました。しかし我々にとっては不十分です。

もし可能なら、鈴木と私は１月の第３週にそちらへ伺いたいと考えています。ご都合はいかがでしょうか？

残念なメール ここが原因！

The third quarter of the financial year is ending. We like to hear your prospect for the financial year. And also we would like to discuss the sales plan for the next financial year and **explain our new products.**
会計年度の第３四半期が終わりに近づいてきました。貴社の今年度の見通しをお聴きしたいと思います。そして来年度の販売計画についても話し合い、新製品の説明もしたいと思っております。

相手は読み始めたとたんに、今期の売上についてまた情報を知りたいと言われてイヤな気分に。

We received the information mentioned above in your report last week. But it is not enough for us.
上記の情報は先週レポートでいただきました。しかし我々にとっては不十分です。

相手は、情報を受け取ったと聞いてこれでOKかと思っているところに、But それは不十分と言われてガックリ。このような、相手を喜ばせた後に否定するネガティブな But は、相手に与える不快感をひときわ大きくする。

Mr. Suzuki and I would like to visit you in the third week of January if possible. Is this convenient for you?
もし可能なら、鈴木と私は１月の第３週にそちらへ伺いたいと考えています。ご都合はいかがでしょうか？

相手は不愉快にされた後に初めて、日本から訪問したいというこのメールの本題を聞かされる。歓迎したい気分にはとてもなれない。

解説

このメールは日本人同士であればさほど不自然ではないかもしれませんが、海外へのビジネスメールとしては次の２点で適しません。

❶**ネガティブな文章の割合が多すぎる。**グレーで色分けされたネガティブな文章が半分以上あり、逆に太字で示されたポジティブなセンテンスはわずか。メール全体ではネガティブな雰囲気が強くなっている。こうなると相手は受け入れにくくなってしまう。

❷**最後まで読まないと、言いたいことがよくわからない。**本題を最後に伝えているが、タイミングが悪すぎる。相手のネガティブな気持ちが最高潮に達したところで、本題の訪問希望を持ち出している。歓迎されず、理由をつけて断られることさえあるかもしれない。

書き直してパワーメールに！

Dear Mr. Y

Thank you for your sales information.
Mr. Suzuki and I would like to visit you in the third week of January, because we would like to discuss more details of the following issues;

*The forecast of the sales for whole this financial year
***The introduction of our new products**
*The sales plan for the next financial year

Would you let us know if that would be convenient for you?
We are looking forward to hearing from you.

Best regards,

be looking forward to ~ing：～を楽しみに待っている

訳

販売情報をありがとうございました。

鈴木と私は１月の第３週にそちらへ伺いたいと考えております。下記の件についてより詳細に話し合いたいと思うからです。

＊今期全体の販売予想
＊新製品紹介
＊来期の販売計画

皆さまにとってご都合が良いかどうかご連絡いただけますか？
ご返事を心待ちにしております。

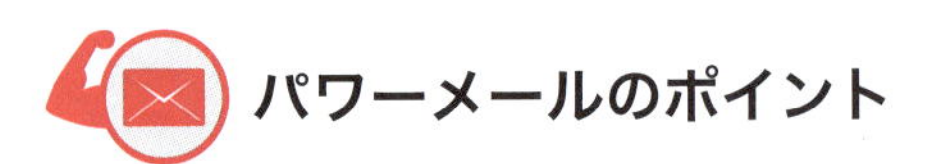

パワーメールのポイント

Thank you for your sales information.

販売情報をありがとうございました。

出だしは“Thank you”というポジティブな言葉から。

Mr. Suzuki and I would like to visit you in the third week of January, because we would like to discuss more details of the following issues;

鈴木と私は１月の第３週にそちらへ伺いたいと考えております。下記の件についてより詳細に話し合いたいと思うからです。

まず本題を言う。前の文のポジティブな流れから、この文も積極的なニュアンスになる。本題（結論）を述べた後はすぐにその理由を説明。

*The forecast of the sales for whole this financial year
***The introduction of our new products**
*The sales plan for the next financial year
＊今期全体の販売予想
＊新製品紹介
＊来期の販売計画

箇条書きにしてわかりやすくする。１番目の議題は、相手に対して今期中にもっと売ってくれという話になるので、相手も気が重いはず。そこで２番目には、相手も喜ぶ新製品紹介を入れる。

Would you let us know if that would be is convenient for you?
皆さまにとってご都合が良いかどうかご連絡いただけますか？

既にある程度ポジティブな雰囲気を作ってあるので、相手は都合さえ合えば特に何の問題もなく迎えてくれるだろう。

We are looking forward to hearing from you.
ご返事を心待ちにしております。

さらに最後をポジティブな言葉で結び、後味を良くして終わる。

解説

最初と最後の文章をポジティブなものにすると、メール全体が良い印象になることがわかると思います。

相手は、自然に迎えてくれる気持ちになり、メールの目的は達成できるはずです。

メールの出だしの文章は、**"Thank you for …" が一番便利**です。相手が心地よく感じる言葉であり、同時に、相手からのメール等を受け取りましたという確認にもなって、自然に本題に入りやすいからです。

しかし相手からのメールへの返事ではなく、ある事柄について初めてこちらからメールをするときは「メールをありがとう」は使えません。このような場合は次のポジティブな言葉が便利です。

We hope everything is going well for you.

最後の文章 “We are looking forward to hearing from you.” は前向きで丁寧、しかもさりげなく相手の返事を要求しています。大変便利な文章なのでビジネスメールではよく使います。

では次にダニエル先生がリライトしたものをご覧ください。

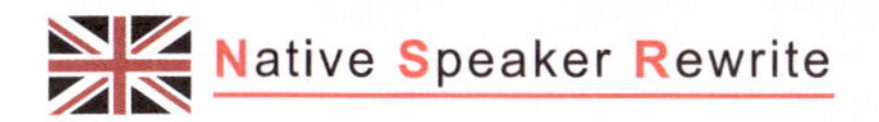

Dear Mr. Y

Thank you for the sales information we received this week.
Mr. Suzuki and I would like to visit you in the third week of January. During our visit, we would like to discuss the following three things; sales prospects for this financial year, **the introduction of our new products,** and our sales plan for the next financial year.
Please let us know if the above schedule is convenient for you.
We are looking forward to hearing from you soon.

Sincerely,

訳

今週いただいた販売情報をありがとうございます。
鈴木と私は１月の第３週に御社を訪問したいと思っております。訪問中に次の３つの事柄、今期の販売見通し、新製品紹介それに来期の販売計画を話し合いたいと思います。
上記のスケジュールが御社にとってご都合が良いかどうか、ご連絡ください。
ご返事を早めにいただけることを心待ちにしております。

ダニエル先生は、議題を箇条書きにしたものとしないものの２つのメールを用意してくれましたが、箇条書きにしないものを最初に自然に書いたようなので、ネイティブのメールとしてそちらを掲載しました。先生によれば、箇条書きにした方は要点がハッキリするので特にネイティブではない人には読みやすく、理解しやすいだろうとのこと。

4行目の部分、前述のパワーメールでは because を使った部分を、ダニエル先生は During our visit を使っています。その方が当たりが柔らかな感じになります。soon はある程度丁寧な言葉であり、hurry up のような相手を急かせるイメージはあまりありません。

コラム メールの出だしと終わり

メールは手紙とくらべて、よりカジュアルになる傾向がありますが、フォーマルな印象にしたければ、下記のような簡単なガイドラインがあります。

メールを書いている相手の名前を知らないときは、Dear Sir or Madam か、Dear Sir / Madam で始めるのがふつうです。

この場合、最後は Yours faithfully, で終わります。

手紙を書く相手を知っているときは、手紙の最後は Your sincerely, が使われます。

もし手紙の受け手とより親しい関係にあれば、手紙やメールの最後はよりカジュアルな表現であるBest regards, Best wishes, With kind regards, などになります。

アポイントを受ける

重要度 ★★☆
難易度 ★☆☆

Thank you は何度も書くな！

外国人との会話やメールで、Thank you を言い過ぎる日本人を見かけます。他の国の人でこれほど言う人を見たことがありません。

メールを書くときに、Thank you から入るのはとても良いのですが、２度３度 Thank you を書くと、相手に対してへりくだった格好になってしまい、こちらの立場は弱くなっていきます。その結果、相手の立場を強くしてしまい、こちらは言いたいことも言えなくなる雰囲気を自分で作ってしまうことになるのです。

失敗して謝るときでも、できるだけこちらの立場が悪くならないように書くのがビジネスメールです。ましてや自分に非がないのに自分の立場を悪くする書き方は絶対に避けなければなりません。

Thank you は１つのメールの中で１回で十分です。２回以上書こうとするときは、よく気をつける必要があります。

次のメールは、海外の代理店のW社長へ出すメールです。先方から、販促関係の費用負担などについて日本に来てミーティングを行いたいという連絡がありました。要は、相手は販促費をもっと負担してくれというお願いに来るのです。こちらの新しい営業課長とも挨拶かたがた話をしたいとのこと。担当のＢさんは次のような返事を書きました。

残念なメール

Dear Mr. W

Thank you for your mail.
We will be very glad to see you in Tokyo on April 15th. We would like to invite you for dinner with our new sales manager, Mr. Nakamura on 15th.
If you need a hotel reservation, please let us know.
Thank you again for visiting us.

Best regards,

なんだかとても丁重だナ。

チョットVIPになったような気分。食事の招待をうけてあげよう。

そうだナ、ホテルの予約もやっておいてもらおうか。

こんなに感謝されるとは思わなかった。この調子ならこっちの要求もすんなり呑んでもらえそう。

訳

メールをありがとうございます。
4月15日に東京でお目にかかれることを大変うれしく思います。15日に私どもの新しい営業課長である中村とともに夕食にご招待したいと思っております。
もし、ホテルの予約が必要であればご連絡ください。
当社へ来ていただけることを改めて御礼申し上げます。

残念なメール ここが原因！

Thank you for your mail.
メールをありがとうございます。

初めに Thank you と言うのはポジティブでいい。

We will be very glad to see you in Tokyo on April 15th.
4月15日に東京でお目にかかれることを大変うれしく思います。

販促費の金銭的支援を依頼しに来る相手に対して、お会いできることを大変喜んでいると言うのはへりくだりすぎ。相手に過度な期待を抱かせてしまう可能性がある。遠来の客かもしれないが歓迎の意を表すのもほどほどに。

We would like to invite you for dinner with our new sales manager, Mr. Nakamura on 15th.
15日に私どもの新しい営業課長である中村とともに夕食にご招待したいと思っております。

本来、この文章は親切で相手を喜ばすはずだが、へりくだった文章の後にくると、こちらの立場をさらに弱くする。

If you need a hotel reservation, please let us know.
もし、ホテルの予約が必要であればご連絡ください。

このように面倒を見てあげることは、こちらがペースを握るためにもよいことだが、へりくだった雰囲気の中で言うと逆効果。こちらがサーバントのよう。

Thank you again for visiting us.
当社へ来ていただけることを改めて御礼申し上げます。

最後に、また Thank you again と書くことにより、へりくだりの駄目押しに。おそらく、終わりの文章として体裁を整えるために書いたのだろうが、ビジネスとしてはマイナス効果。体裁よりも、実際のビジネスにプラスになるかどうかが大事。

解説

この短いメールの中に、Thank you が２回、very glad to see you と合わせてへりくだった表現が３つも入っています。その影響で、メール全体がへりくだった印象になっています。

これを読んだ相手は、これだけ歓迎されるのならば、自分たちの要求は受け入れられるだろうと思って来日するでしょう。相手に誤解を与え、この後に待っている販促費用負担の交渉を難しいものにしてしまいそうです。

書き直してパワーメールに！

Dear Mr. W

Thank you for your email.
April 15th is convenient for us.
We will send the agenda within a few days.
Our new sales manager, Mr.Nakamura, would like to invite you for dinner on 15th.
Is it convenient for you?
We can reserve you a hotel if you need. Would you let me know if you would like me to do so?
We are looking forward to hearing from you.

Best regards,

まずは明るい文章で。
悪い気はしないネ。
結論を先に言う。
15日OKだ！良かった。
議題はこちらから提示しよう。
もちろん喜んで。
ありがたい。そうしよう。
最後も気分の良い言葉で。
ホテルも頼みたいし、すぐに返事をしておこう。

訳

メールをありがとうございます。
4月15日は当方にとって好都合です。
議題は2〜3日中にお送りします。
我々の新しい営業課長である中村は、15日夕食にご招待したい意向です。ご都合はいかがでしょうか？
必要であればホテルをこちらで予約することもできます。ご希望があればご連絡いただけますか？
ご返事を心待ちにしています。

パワーメールのポイント

Thank you for your email.
メールをありがとうございます。

気持ちの良い言葉でスタート。

April 15th is convenient for us.

4月15日は当方にとって好都合です。

相手が気になっている15日の都合をまず答えて安心させる。

We will send the agenda within a few days.

議題は2〜3日中にお送りします。

こちらが議題のリストを作れば相手は感謝する。しかも議事進行はこちらがやることになるので、こちらのペースで会議を進めやすくなる。こちらが話したい議題をリストに入れることができ、販促費を持ってくれという相手の議題はある程度の時間で切り上げられる。

Our new sales manager, Mr. Nakamura, would like to invite you for dinner on 15th.
Is it convenient for you?

我々の新しい営業課長である中村は、15日夕食にご招待したい意向です。ご都合はいかがでしょうか？

新しい上司が招待したいと言えば、相手はよりありがたく思う。

We can reserve you a hotel if you need. Would you let me know if you would like me to do so?

必要であればホテルをこちらで予約することもできます。ご希望があればご連絡いただけますか？

この文章は、へりくだるというよりも、相手の面倒を見てあげるものなので、相手はありがたみを感じるはず。

We are looking forward to hearing from you.
ご返事を心待ちにしています。

最後は、相手にとって気分が良い言葉であるとともに、さりげなく確認の返事の要求もしている。とても便利な文章。

解説

パワーメールでは、へりくだった言い方はしていませんが気くばりがあり、相手はありがたいという気持ちになるメールです。相手から感謝されればこちらの立場は相対的に優位になります。この状態が出来上がると、交渉事はうまく進みます。

最初の残念なメールはこちらがへりくだって相手の立場を強くしてしまうメールでした。両方のメールとも親切心があふれていて、一見似ているようにも見えますが、相手に与える印象は大きく違います。へりくだって相手の立場を強くしているメールと、**相手の面倒を見てこちらが優位に立つメールの違いです。**

ポイントは、相手を歓迎しようとして Thank you や歓迎の言葉を並べすぎないことです。感謝や歓迎をしすぎるとこちらの立場が弱くなり、ビジネスに支障をきたしかねません。こちらの立場を下げないように、ビジネスの状況に見合った歓迎の仕方をすることが大事です。

Native Speaker Rewrite

Dear Mr. W

Thank you for your email.

We would be happy to receive your visit on April 15th.
We will prepare an agenda, and send it to you in the next few days.
Our new sales manager, Mr. Nakamura, would like to invite you for dinner on the evening of the 15th.
Please let us know if this is convenient for you, or if you have any dietary requirements.
If we can assist you in booking a hotel, please let us know.

We are looking forward to hearing from you.

Sincerely,

dietary requirement：食事の要望（たとえばベジタリアンの場合など）

訳

メールをありがとうございます。

15日のご訪問をお受けすることをうれしく思います。議題を準備し、2～3日中にお送りいたします。

我々の新しい営業課長である中村が、15日の晩に夕食にご招待したい意向です。ご都合はいかがでしょうか。また、もし食事についてのご要望が何かありましたらお聞かせください。

もしこちらでホテルの予約のお手伝いをした方がよろしければご連絡ください。

ご返事を心待ちにしています。

ダニエル先生のメールも、すべて太字の前向きな書き方です。全体的により丁寧な書き方になっています。特に食事についての質問は気づかいを感じます。宗教的なタブーのあるイスラム系、インド人はもとより、欧米でも意外とベジタリアンが多いので、特に初めての人を食事に招待する場合はこのような気づかいがあれば相手は喜ぶでしょう。

クレーム対処

重要度★★★
難易度★☆☆

Sorryなど、謝罪の言葉は気軽に使わない。

ビジネスのやりとりで謝ると、次の2点で不利になります。

❶自分の立場が弱くなる。
❷相手に対して責任を負うことになる。場合によっては賠償責任を負うことにも。

謝罪の言葉は気軽に書くと不利になることがあるので要注意です。**謝れば許してもらえてチャラになるというのは日本人特有の感覚で、海外とのビジネスでは通用しないと思った方がよいでしょう。**

謝ろうとするときはチョット立ち止まって、本当に謝らなければならない立場にあるのか、謝らなくてもいい別な書き方があるのではないか、よく考えてみましょう。考えてみて謝る必要はないと思えば、思い切って堂々とこちらの正当性を述べるべきです。意外と相手は受け入れるものです。

次のメールを書いたDさんも、相手の要望に添えないので日本人的感覚で気軽に謝った結果、こちらが悪いという形になってしまいました。本来の取り決めがあったことは頭になかったようです。

残念なメール

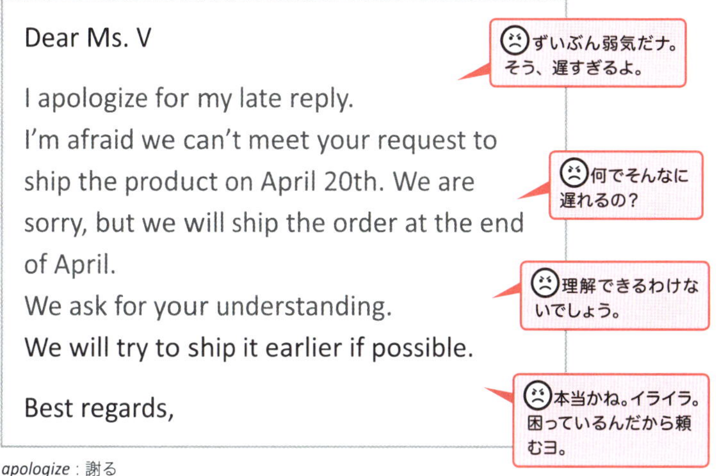
Dear Ms. V

I apologize for my late reply.
I'm afraid we can't meet your request to ship the product on April 20th. We are sorry, but we will ship the order at the end of April.
We ask for your understanding.
We will try to ship it earlier if possible.

Best regards,

ずいぶん弱気だナ。そう、遅すぎるよ。
何でそんなに遅れるの？
理解できるわけないでしょう。
本当かね。イライラ。困っているんだから頼むヨ。

apologize：謝る
ship：出荷する

訳

私の返事が遅れましたことをおわびいたします。

残念ながら、４月 20 日の製品出荷のご要望にはお応えできません。申し訳ありませんが４月末に出荷いたします。

ご理解をお願いいたします。

もし可能であればより早く出荷するよう心掛けます。

残念なメール ここが原因！

I apologize for my late reply.
私の返事が遅れましたことをおわびいたします。

返事が遅くなったくらいで最初から簡単に謝ってはダメ。これから出荷日が希望に添えないという本題でまた謝ると、頭の下げっぱなしになる。

I'm afraid we can't meet your request to ship the product on April 20th.
残念ながら、4月20日の製品出荷のご要望にはお応えできません。

　最初から相手の要求に添えないことを申し訳なさそうに言うと、相手は不快になり、こちらの立場は弱くなる。

We are sorry, but we will ship the order at the end of April.
申し訳ありませんが4月末に出荷いたします。

　前の2つの文章で既に頭をかなり下げてしまっているので、ここでまた謝ると、地面に頭をこすりつける格好になってしまう。

We ask for your understanding.
ご理解をお願いいたします。

　遅くなる理由も言わずにこう書いても、相手は理解してくれるはずもない。

We will try to ship it earlier if possible.
もし可能であればより早く出荷するよう心掛けます。

早く出荷できる可能性がほとんどないのにメールの体裁を整えるために書いたように見える。一方、相手はこの文を読めば出荷が早まることを期待してしまうので、結局相手からの信用をさらになくすことになりそう。

解説

毎回、注文を受けたら2～3週間後に出荷をしていますが、以前結んだ契約書によれば、出荷日は受注後1ヵ月以内となっています。今回はいつもより遅いとはいえ、1ヵ月後に出荷するのでこちらに非があるわけではありません。**Dさんは相手の希望に添うことができないという理由だけで簡単に謝ってしまいました。**本来、謝らなくてもいいところです。

冒頭ではささいなことで謝ってしまい、こちらに非があるという雰囲気を最初に自分で作ってしまいました。その後も自分の主張すべきことも言わずにただ謝っています。このメールはほとんどの文章がネガティブな印象を与えるグレーです。こちらの立場を弱くし、結果的に相手を有利にしてしまうメールです。

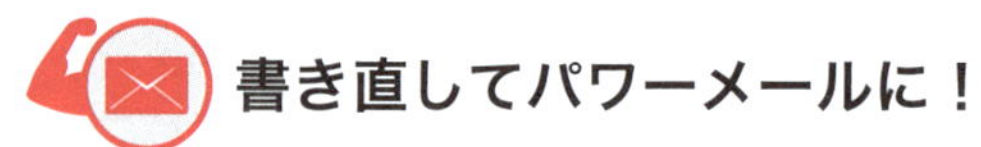

書き直してパワーメールに！

Dear Ms. V

Thank you for your e-mail.
Basically the shipping date is one month after the receipt of an order. We usually ship goods within 2-3 weeks after an order, if there is stock available.
This time, we do not have the item you have requested in stock. Therefore, it will take one month, and the shipping date will be April 30th.
We will try to ship it earlier even though it cannot be guaranteed. **We will get in contact with you if the situation changes.**

Best regards,

available：利用できる

訳

メールをありがとうございます。

基本的に受注してから出荷までは１ヵ月です。我々は在庫があれば普段は受注後２～３週間で出荷しています。

今回はご希望のアイテムのストックがございません。したがって１ヵ月かかり、出荷日は４月 30 日となります。

保証はできませんが、少しでも早く出荷できるよう心がけます。状況が変わりましたらご連絡申し上げます。

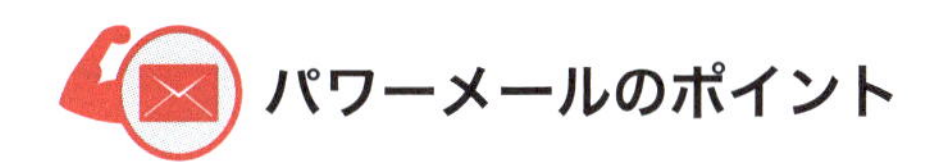

パワーメールのポイント

Thank you for your e-mail.

メールをありがとうございます。

たいした遅れでなければ謝らずに、Thank you とした方が相手も気持ちがいい。こちらの立場も弱くならなくてすむ。

Basically the shipping date is one month after the receipt of an order.
We usually ship goods within 2-3 weeks after an order, if there is stock available.

基本的に受注してから出荷までは１ヵ月です。我々は在庫があれば普段は受注後２～３週間で出荷しています。

既に取り決められている出荷日の原則を述べている。原則と普段やっていることとがズレていることはままあること。原則に立ち返って話せば相手は反論しづらい。

This time, we do not have the item you have requested in stock. Therefore, it will take one month, and the shipping date will be April 30th.

今回はご希望のアイテムのストックがございません。したがって１ヵ月かかり、出荷日は4月30日となります。

本来の約束事にしたがって、４月30日出荷の正当性を述べている。だから出荷日が相手の希望通りではなくても、こちらの立場が悪くなることはない。

We will try to ship it earlier even though it cannot be guaranteed.
保証はできませんが、少しでも早く出荷できるよう心がけます。

最後はポジティブな言葉で。このように書いたからには本気で早期出荷に向けて努力しよう。

また、guarantee はあえて受け身にした。もし We can't guarantee と書いて We を主語にすると、「我々は」保証できないという無責任な印象を与えてしまう。

We will get in contact with you if the situation changes.
状況が変わりましたらご連絡申し上げます。

前の文で終わってもかまわないが、そうすると「保証できない」というネガティブな言葉で終わるので、この文を付け加えた。

言質をとられない程度に相手に安心感を与え、こちらの誠意を示す。

解説

残念なメールの冒頭で「返事が遅れてすみません」と書いた部分が、今回は「メールをありがとうございます」とフレンドリーな言葉に変わっています。謝ってこちらの立場を悪くするのではなく、相手を気分よくさせる言葉になっています。

相手にとっては、ソーリーでもサンキューでも、どちらでも気分はいいのです。一方、こちらにとっては大違い。ならばサンキューと書いた方が断然有利になります。

次に、契約の本来の取り決め（原則）を示して、こちらは約束通りのことを行っていると説明しています。その結果当然のことながら、こちらが謝る必要はなくなりました。

最後に、何とか協力できるよう努力してみると伝えています。

残念なメールでは、こちらが謝って相手の許しを得ようとする立場でしたが、パワーメールではこちらの言うことが原則通りで筋が通っているため、謝る必要はありません。**相手はこちらに早期出荷をお願いする立場に変わります。つまり、こちらのペースでビジネスを進められるようになります。**ここでもし、多少なりとも出荷を早めることができたなら、相手からは感謝され信頼感も増すことでしょう。

不用意に謝らないということは、こちらのペースでビジネスをスムーズに進めるためには大切なことです。

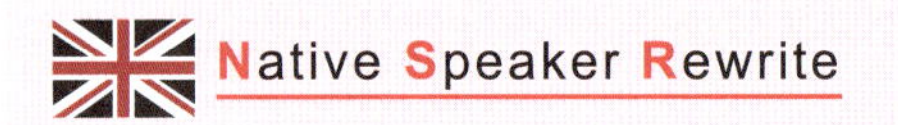

Dear Ms. V

Thank you for your email.

We fully understand your situation. Basically the shipping date is one month after the order has been received. If we have the item in stock, we can ship it earlier, usually within 2 or 3 weeks, but in this case I am afraid we do not have the item in stock. If it is possible to ship the item earlier we will do so, but as it stands the shipping date will be April 30th, at the latest.

If there are any further developments I will be in contact.

We thank you for your understanding in this matter.

Sincerely,

as it stands：現状では（stand は be に近い意味）
development：進展

訳

メールをありがとうございます。

そちらの状況は十分にわかりました。基本的に出荷日は受注後１ヵ月です。もし在庫があるものならより早く出荷することができて、いつもは２～３週間以内ですが、今回のケースは残念ながら在庫がございません。もし出荷を早められるならばそうしますが、しかし現状では出荷日は遅くとも４月30日です。

もし何かしら進展がありましたらご連絡いたします。

本件のご理解を感謝いたします。

　ダニエル先生のリライトも、謝罪の言葉を必要としない書き方をしています。相手のプレッシャーに惑わされずに、本来の取り決め通りにやっていることを丁寧に説明しています。相手は不快感なく納得しそうなメールです。

コラム Sorry と Thank you

　日本では、人々は実によく謝ります。たとえば、誰かが高価なプレゼントをあげたとします。すると、もらった人はたいてい送り主に謝ります。

　他の国から来た人には、これは奇妙に思えるでしょう。他の国々では、“thank you” がより自然で一般的な受け答えだからです。

　ビジネスでは、謝罪は責任を受け入れたと見なされ、謝った人は失敗に対して（法的）責任があるように思われることになります。

　あなたのやったことは、責任を受け入れることになるかもしれないようなものなのか、自問してみてください。

　日本人は、礼儀正しくあるために謝罪をしがちです。

　欧米の文化では、謝罪は深い後悔の心からの表現です。謝りすぎは偽善的で無責任なように見られかねません。

「遅くなってごめんなさい」という代わりに、「待ってくれていてありがとう」という言い方を考えてみましょう。

依頼

重要度 ★★☆
難易度 ★★☆

気軽に依頼するな。お願いするときは相手の利益になることも書く。

依頼は、1回目はまだいいかもしれませんが、2度3度となればイヤがられます。そうなるとこちらは肩身が狭くなり、ビジネスの主導権は相手に渡ってしまいます。日本人は特に情報などを気軽に要求する傾向があるので、有利な関係を保つためには必要以上に依頼をしないことが基本です。

依頼をする時は次のような書き方をして相手に極力負担を感じさせないようにし、同時にこちらの立場が悪くならないようにします。

- **そのお願いが、先方の利益にもつながる点をさがしてそこから入る。**
- **依頼する言葉を１回で済むように書く。**たとえば、いくつか依頼事項がある場合は１つ１つ何度もお願いせず、ひとまとめにして依頼の言葉を１回で済ませる。

次のメールは、イタリアのメーカーから日曜大工道具を輸入している日本代理店のDさんが、メーカーへ出したものです。新製品の電動工具 AB-99 は欧州市場での販売が優先されているようですが、Dさんは近々開催される Tokyo DIY Fair の自社ブースでそれを展示して、日本でもぜひ大々的に販売したいと思っています。

先方が今一歩積極的ではない様子なので、Dさんは確実に実行してもらうために、先方に下記のメールを出しました。

残念なメール

Dear Mr. U

As we agreed in the meeting of July 3rd, we will exhibit the AB-99 at Tokyo DIY Fair, but we have not yet received notification of the shipping date. Could you please let me know? We have to get the AB-99 at the end of August at the latest.
We also need the electronic data for the sales manual and the leaflet for this model by the end of July, as we will make Japanese versions.
Your prompt cooperation is highly appreciated.

Best regards,

いま欧州市場に対応するだけで精一杯なんだ。

確かにまだ連絡してなかったですヨ。やりますよ。

いろいろ言ってくるナ。そこまでは約束してなかったでしょ。

わかった、わかった！送るよ、そのうち。

DIY：日曜大工（do it yourself の略）
notification：通知
appreciate：感謝する、認識する

訳

7月3日の会議で合意した通り、当社はAB-99を東京DIY展示会に展示しますが、いまだその出荷日の通知をいただいていません。お知らせいただけますか？　我々はAB-99を遅くとも8月末までに入手しなければなりません。

我々はまた、このモデルのセールスマニュアルとリーフレットの電子データを、日本語版を作るために7月末までに必要としています。

早急にご協力いただけることを心より感謝いたします。

残念なメール ここが原因！

As we agreed in the meeting of July 3rd, we will exhibit the AB-99 at Tokyo DIY Fair, but we have not yet received notification of the shipping date.

７月３日の会議で合意した通り、当社は AB-99 を東京 DIY 展示会に展示しますが、いまだその出荷日の通知をいただいていません。

最初から苦情を言っているので、相手は心を閉ざしてしまいそう。

Could you please let me know? We have to get the AB-99 at the end of August at the latest.

お知らせいただけますか？　我々は AB-99 を遅くとも８月末までに入手しなければなりません。

心を閉じかけている相手に依頼と催促。

We also need the electronic data for the sales manual and the leaflet for this model by the end of July, as we will make Japanese versions.

我々はまた、このモデルのセールスマニュアルとリーフレットの電子データを、日本語版を作るために７月末までに必要としています。

ここで、さらに２つの依頼をしている。相手はうんざり。

Your prompt cooperation is highly appreciated.
早急にご協力いただけることを心より感謝いたします。

ここでもまた依頼らしきことを書いている。相手にとっては心地よくないが、大事なことなので念を押すこと自体は悪くない。

解説

　このメールは、通常のメールであればとくに大きな問題はありません。しかし、大事な展示会出展用の新製品等を間違いなく送ってもらえるかと考えると、不安が残るメールです。

書き直してパワーメールに！

Dear Mr. U

> いい話から入る。

We are pleased to inform you that according to our market research the AB-99 is very well accepted in Japanese market. We are expecting to get many orders for the AB-99 at the Tokyo DIY Fair.

> いいニュースだ。まあ当然だけど。

> 相手にとっても喜ばしいことを書く。

Now we are preparing to participate in this exhibition. Thank you for agreeing, in our last meeting, to send the AB-99 for this Fair. It will be the main exhibit in our booth.

> 思ったよりも行けそうだナ。

> やる気満々みたいだネ。

Would you let us know when you can send us the following by?

> 相手の心が開いたところで依頼。

1) The AB-99
2) Electronic data for the sales manual for the AB-99.
3) Electronic data for the leaflet for the AB-99

> 日本の方にも力を入れないとまずいナ。

We need 1) by the end of August.
We need 2) and 3) by the end of July, because we have to make Japanese versions.

> 依頼事項が3つ以上あるときは箇条書き。

We are very hopeful that this exhibition will be successful, and we can surpass this year's sales target.

> 依頼をした後はポジティブな文章で相手の利益につながることを書く。

We are looking forward to hearing from you.

> 売上も目標を超えるなら、何とかしよう。

Best regards,

surpass：超える

訳

当社の市場調査によると、AB-99は日本市場で大変受け入れられるということをご連絡いたします。東京DIY展示会では多くのAB-99の注文が取れることを期待しております。

現在、この展示会への出展準備を行っています。前回の会議でAB-99をこの展示会のためにお送りくださることに合意していただき、ありがとうございました。それは当社の展示ブースではメインの展示品になります。

下記をいつまでにこちらへ送ってくださるかご連絡いただけますでしょうか。

1）AB-99
2）AB-99のセールスマニュアルの電子データ
3）AB-99のリーフレットの電子データ
1）は8月末までに、2）3）は日本語版を作るので7月末までに必要としています。

我々は、この展示が成功し、今期の販売目標を超えることができるとおおいに期待しております。

ご返事を心待ちにしています。

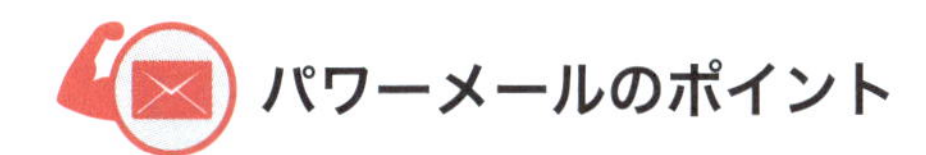

パワーメールのポイント

We are pleased to inform you that according to our market research the AB-99 is very well accepted in Japanese market.

当社の市場調査によるとAB-99は日本市場では大変受け入れられるということをご連絡いたします。

出だしは景気のいい話で。特にこれから依頼するときはそうする。

We are expecting to get many orders for the AB-99 at the Tokyo DIY Fair.

東京DIY展示会では多くのAB-99の注文が取れることを期待しております。

相手がAB-99を展示用に送れば、相手にとってもいい結果が出ることを知らせる。今回の鉄則のポイント。

Now we are preparing to participate in this exhibition.

現在、この展示会への出展準備を行っています。

前の２つの文で良い雰囲気を十分に作ってから、この文で本題に入る。

Thank you for agreeing, in our last meeting, to send the AB-99 for this Fair. It will be the main exhibit in our booth.

前回の会議で AB-99 をこの展示会のためにお送りくださることに合意していただき、ありがとうございました。それは当社の展示ブースではメインの展示品になります。

AB-99 出荷の合意が100%なされるという前提でそれを感謝すれば、相手は本気でそうせざるを得なくなる。それをメインに展示するという喜ばしいことを言いながらもまた暗に圧力をかける。

Would you let us know when you can send us the following by?

下記をいつまでにこちらへ送ってくださるかご連絡いただけますでしょうか。

前の文章までに十分ポジティブな雰囲気を作っておいて、ここで依頼をする。

（箇条書き1）～3）は省略）

We are very hopeful that this exhibition will be successful, and we can surpass this year's sales target.

我々は、この展示が成功し、今期の販売目標を超えることができるとおおいに期待しております。

こちらの依頼を読んで相手のテンションがやや下がったところで、また前向きな文章を入れてポジティブなエネルギーを補給。

We are looking forward to hearing from you.
ご返事を心待ちにしています。

最後も前向きな言葉を書き、後味よく終わる。

解説

このメールは、メーカーが新製品 AB-99 の出展に合意をしたものの、日本サイドではイマイチ不安があるという状況なので、新製品の入手を100%確実にするために、気合をいれて書かれたメールです。

相手が AB-99 を間違いなく送ってくれれば、展示会が成功し、多くの注文が取れる可能性のあること、また今期の売上も目標を上回ることができるだろうと、相手にとっても喜ばしいことを、押しつけがましくなくしっかり書いています。ここがこの依頼メールのポイントです。そしてこちらは一生懸命展示の準備を進めていることも伝えています。これを読んだ相手はいい加減な対応はできないという気持ちになるでしょう。

依頼の文言は1回だけ（中盤のグレーの文章）で済ませるように工夫されています。相手の煩わしさを少なくするためです。またこちらの立場が悪くなることも防げます。

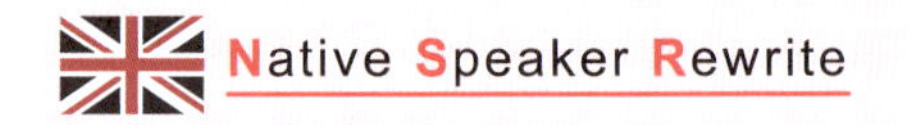

Dear Mr. U

As we agreed in our meeting of July 3rd, we will exhibit the AB-99 model at the Tokyo DIY Fair.
We have not yet received notification of the shipping date. We would be grateful if you could let us know as soon as possible. It is essential that we receive the shipment before the end of August.
Also, we hope to receive the electronic data of the sales manual and leaflets by the end of July to give us time to translate them into Japanese.
Your cooperation is essential for **the success of this exhibition, and to help surpass this year's sales target.**
We are looking forward to hearing from you soon.

Sincerely,

essential：不可欠な、きわめて重要な

訳

7月3日の会議での合意の通り、当社はAB-99を東京DIY展示会で展示いたします。

その出荷日をまだご連絡いただいておりません。できるだけ早く知らせていただければ大変幸いです。その出荷物を8月末までに受け取ることが不可欠です。さらに、セールスマニュアルとリーフレットの電子データを7月末までに受け取ることができ、それらを和訳する時間を与えてくださることを望んでいます。

御社のご協力は、この展示会の成功と今期の販売目標を超えるために大変重要です。

ご返事を心待ちにしております。

前述のパワーメールよりもあっさり書かれています。しかし、最後の部分では、相手の協力が相手にとっても良い結果になることがしっかり書かれています。また相手側は、もし AB-99 が遅れて、こちらの今期の売上目標が達成できなかった場合、困るという気持ちになるかもしれません。

クレーム対処

重要度 ★★☆
難易度 ★☆☆

頭にくるメールは冷静に対処。相手の自尊心を傷つけない。

相手から心外なメールをもらったとき、感情を爆発させて返事を書くとこちらの怒りは発散できるかもしれませんが、相手を不快にさせて反感を買うだけです。ビジネスメールの目的はビジネスを進展させることなので、そのような書き方をするとその目的から遠のきます。そして、お互いに無駄な時間やエネルギーを費やすことになります。

怒りはひとまず横において、冷静に最短距離で目的に到達できるように書くのが、プロフェッショナルのやり方です。

次の例は、インドからきた理不尽とも思えるメールに対してFさんが書いた返事です。インドの代理店が、こちらの出荷が遅いことに対してクレームをつけてきました。しかし、出荷が遅れた原因は不明瞭なオーダーをしてきた代理店側にあるようです。しかもFさんは確認のため問い合わせをしたのに代理店側から返事がなかなかこないので、商品の手配ができずにいたのです。

相手のルーズな対応が原因であるのにもかかわらず、一方的にこちらに非があるような言い方をしてきたので、Fさんはすっかり頭にきてしまいました。

日本人は普段は謙虚な言い方をする傾向がありますが、怒りがある一線をこえてしまうとたんに感情的になることがあります。今回のＦさんのメールもまさにその例といえるでしょう。

残念なメール

Dear Mr. T

Regarding your order 10-334 it is impossible to meet your requested shipping date.
When you sent us your order last month, you wrote the wrong model number. It took 2 weeks for you to correct it after we asked.
Your slow reply has delayed this shipment.
We can't understand why you said the delay was caused by us. If you urgently need the goods, please send a correct order sheet, and reply soon when we ask.
As we informed you before, the shipping date is August 20th. It is the earliest we can send the shipment.

Best regards,

- impossible だって？ そっちが何とかすべきでしょう。
- そっちの方こそ遅れているのに何言ってるの？
- 理解できないのはこっちだよ。
- エラそうに。
- まったくひどいヤツだ。

regarding ~ : ～に関して
shipping date : 出荷日
correct : 〈動詞〉（誤りなどを）正す、〈形容詞〉正しい
be caused : 引き起こされた

訳

あなたのオーダー 10-334 について、ご希望の出荷日にお応えすることは不可能です。先月オーダーシートが送られてきたとき、あなたは間違ったモデル名を記載してきました。こちらが問い合わせてからあなたが訂正してくるまで２週間かかりました。あなたの遅い返事が今回の出荷を遅らせています。なぜあなたが出荷の遅れは我々によって引き起こされたと言っているの

か理解できません。もし急いで商品が必要な場合は、正しいオーダーシートを送り、こちらが問い合わせたときはすぐに返事をするようにしてください。
　先にご連絡しましたように出荷日は8月20日です。それが我々にできる最も早い出荷です。

 残念なメール ここが原因！

Regarding your order 10-334 it is impossible to meet your requested shipping date.
あなたのオーダー10-334について、ご希望の出荷日にお応えすることは不可能です。

　最初からピシャッと断っているので、相手の気分を害してしまう。

When you sent us your order last month, you wrote the wrong model number. It took 2 weeks for you to correct it after we asked. Your slow reply has delayed this shipment.
先月オーダーシートが送られてきたとき、あなたは間違ったモデル名を記載してきました。こちらが問い合わせてからあなたが訂正してくるまで2週間かかりました。あなたの遅い返事が今回の出荷を遅らせています。

　怒りの感情が入った書き方。特に「あなたの遅い返事」という非難めいた言い方は相手を感情的にさせる。

We can't understand why you said the delay was caused by us.
なぜあなたが出荷の遅れは我々によって引き起こされたと言っているのか理解できません。

　感情的な最悪の文章。ビジネスを進展させることを忘れている。

If you urgently need the goods, please send a correct order sheet, and reply soon when we ask.
もし急いで商品が必要な場合は、正しいオーダーシートを送り、こちらが問い合わせたときはすぐに返事をするようにしてください。

このような高圧的な言い方は相手のプライドを傷つけるだけ。相手は素直に従うはずもない。ビジネス全体を見れば問題解決に逆行。

As we informed you before, the shipping date is August 20th. It is the earliest we can send the shipment.
先にご連絡しましたように出荷日は8月20日です。それが我々にできる最も早い出荷です。

この言葉は相手にとっては非協力的としか映らない。

解説

相手の身勝手とも思えるメールに対して、感情的に返したメールです。すべての文がネガティブであり、相手のプライドを傷つけるような書き方をしています。

頭にくるようなメールを海外から受け取ることは決して珍しいことではありません。自分の非などはまったく気にせずに要求だけを当然のように主張してくる人もいます。それに対して、こちらがいちいち感情的な反応をしていると、このようなメールを書くことになり、時間と労力が無駄になります。特に相手のプライドを傷つけると関係の修復に時間がかかるばかりか、修復できないこともあります。当然ビジネスにはブレーキがかかります。

書き直してパワーメールに！

Dear Mr. T

Thank you for your e-mail concerning the shipping date. We discussed with our production control department about your requested shipping date. As you may know our company will be closed from August 10th to 15th because of holidays in Japan. Therefore, it is difficult to speed up the production.
When we received the order sheet from you, the model number was not clear. It then took two weeks to get confirmation from you.
It is for these reasons that the production has fallen behind the original schedule. The shipping date will be August 20th.
However, we will talk to our forwarder about the flights so that you can receive the goods as soon as possible.

Best regards,

感情を抑えて前向きな文章ではじめる。

☺なんとかしてくれるかナ。

こちらの経緯を客観的に説明。

☺いろいろやってくれているみたい。

☹休暇があるのか。マズイな。

不都合なことを言うときはweを主語にしない。

これらの理由で出荷が遅れたと書く。ここもweを主語にしない。

こちらも努力することを伝える。

☹何でもいいから1日でも早くたのむよ。

concerning：関して
production control department：生産管理部
fall behind：遅れる
forwarder：運送業者

訳

出荷日に関するメールをありがとうございます。御社のご要望の出荷日について、当社の生産管理部と話し合いました。ご存じかもしれませんが、日本では8月10日から8月15日まで休みなので当社は休業です。したがって、製造を早めることは困難です。

御社からオーダーシートを受領したとき、モデルナンバーが不明確でした。そしてそちらから確認を得るのに2週間かかりました。

これらの理由によって、生産は当初の予定よりも遅れています。出荷日は8月20日になります。

しかし御社が少しでも早く受け取れるよう、運送業者と飛行機の便について話してみます。

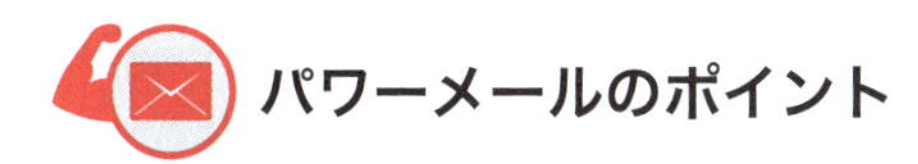

パワーメールのポイント

Thank you for your e-mail concerning the shipping date.

出荷日に関するメールをありがとうございます。

どんなに頭にきていても、冷静にポジティブな言葉で返す。

We discussed with our production control department about your requested shipping date.

御社のご要望の出荷日について、当社の生産管理部と話し合いました。

当方は社内で真剣に検討したということを伝える。

As you may know our company will be closed from August 10th to 15th because of holidays in Japan. Therefore, it is difficult to speed up the production.

ご存じかもしれませんが、日本では8月10日から8月15日まで休みなので当社は休業です。したがって、製造を早めることは困難です。

要望に応えられない理由（外部要因）を述べる。

When we received the order sheet from you, the model number was not clear. It then took two weeks to get confirmation from you.

御社からオーダーシートを受領したとき、モデルナンバーが不明確でした。そしてそちらから確認を得るのに２週間かかりました。

相手の確認遅れが原因であることを事実として伝える。非難がましくならないように。

It is for these reasons that the production has fallen behind the original schedule.

これらの理由によって、生産は当初の予定よりも遅れています。

このように、遅れた理由を説明するときには we / I を使わないで書くと、より客観的になり、責任がこちらへ向かうのを避けることができる。

The shipping date will be August 20th.

出荷日は８月 20 日になります。

このような状況を説明した後に、初めて遅くなる出荷日を伝えれば、相手を納得させやすい。

However, we will talk to our forwarder about the flights so that you can receive the goods as soon as possible.

しかし御社が少しでも早く受け取れるよう、運送業者と飛行機の便について話してみます。

ポジティブな文を最後に添えて後味を良くする。リップサービスに終わらずに、実際にそうするよう努力することが大事。

解説

世界には日本人の感覚とは相当異なる人々がいます。**日本人にとっては相手が嘘をついているとしか思えないことが、その国では交渉のテクニックの範囲内と見なされることもあります。**ビジネスの成功のためにどちらが正しいかは、一概にはわかりませんが、ただ言えることは、このような人たちともビジネスをする可能性があるということです。

こちらは感情的にならず、普段通りに自分のペースで相手の要望に少しでも応えられるよう努力することがベストです。なぜなら、そうすることが最も効率よくビジネスを進められる方法だからです。

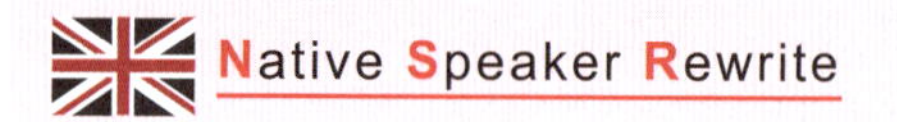

Dear Mr. T

Thank you for your mail concerning the shipping date of product number xxxxx. We discussed your shipping date with our production control department. As you may be aware, our company will be closed from August 10th to 15th due to national holidays, for this reason we are unable to speed up production. We experienced one additional problem with the order sheet we received from you. Unfortunately the model number was illegible, so we could not be sure which product to ship to you. For these reasons, we are unable to meet the original schedule, and the shipping date will be August 20th. **However, we will talk to our forwarder to see if there is any possibility to send the products to you sooner.**

Sincerely,

As you may be aware：ご存じかもしれませんが、お気づきかもしれませんが
unfortunately：残念ながら、あいにく
illegible：判読しにくい
original：最初の、本来の

訳

　商品番号 XXXXX の出荷日に関するメールをありがとうございます。そちらの出荷日について当社の生産管理部と話し合いました。お気づきかもしれませんが、8月10日から15日は休日のため当社は休みとなります。この理由により当社は製造を早めることができません。も

> う1つの問題がお送りいただいた注文書にありました。あいにくモデルナンバーが判読しづらく、こちらはどの製品をお送りすべきかハッキリわからなかったのです。これらの理由により当初の予定通りにはいかず、出荷は8月20日になります。
>
> しかしながら、より早く製品をお送りできる可能性があるかどうか、こちらの運送業者と話してみます。

メールの始めと終わりは前向きな文章で冷静に書かれています。5〜6行目には for this reason を使って、自分たちのせいではないという文脈の流れをスムーズにしています。7行目にある experienced は、文字通りそのようなことを私たちは経験したということですが、（あなたのおかげで）いろいろ大変だったということが言外に伝わります。この experience はよいことにも使えます。

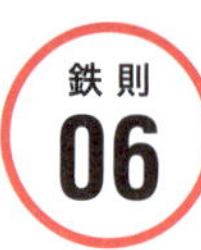

依頼

重要度 ★★★
難易度 ★★☆

ネガティブな話題では、ポジティブな部分を探す。

まず、メールがポジティブであることの重要性を再確認しておきましょう。たとえば困っていることを伝える場合、それに押しつぶされそうな気持ちで書くメールと、この困難はすぐに克服できるという気持ちで書くメールとでは、相手に与える印象は全く違います。ビジネスメールでは、明らかに後者が有利です。したがって、ポジティブに書くことは、好き嫌いの問題ではなく、ビジネスを成功させるためにすべきことです。

そのための効果的な方法の1つが、ネガティブな話題について書くときでも、いろいろな角度から見て、ポジティブなテーマを探しだすことです。それは難しいことではなく、意識して見つけようとすればできるものです。**小さなことや、多少のこじつけでもかまいません。まずポジティブな部分を書いてみると、難しいメールが書きやすくなるはずです。**

次のメールは、Gさんが代理店へ出した依頼のメールです。Gさんの部署は期末が迫ってきましたが売上の数字が足りず困っています。とにかく売上を確保するために、代理店へいわゆる押し込み販売をお願いするために書いたメールです。

残念なメール

Dear Mr. R

We are e-mailing you today to request your cooperation in placing a new order with us.
The current global recession has had a negative impact on our market, and we are suffering quite badly.
Therefore, we would like to ask you to order around five sets of the AAA series by March 15th, **with a 10% discount.**
Your kind positive consideration would be helpful to us.
Thank you very much in advance for your cooperation.

Best regards,

協力してくれだって？
面倒くさそうなメール。

不景気はこっちの方がもっとひどいよ。

10%引きか…。
でもそう簡単には買えないよ。

15%引きなら
買ってもいいかナ。

recession：景気後退
suffer：苦しむ、痛手をこうむる
consideration：考慮、配慮
in advance：前もって

訳

　本日は新しい注文のご協力のお願いでメールを差し上げております。
　最近の世界経済の景気後退によって、我々の市場でも大きな悪影響がでており、当社もたいへん痛手をこうむっています。
　したがいまして、10%引きでAAAシリーズ5セット程度、3月15日までに注文をしてくださるようお願いさせていただきたいと思います。
　御社が前向きに考慮していただけると我々は助かります。
　ご協力に対し、前もって心より御礼申し上げます。

残念なメール ここが原因！

We are e-mailing you today to request your cooperation in placing a new order with us.

本日は新しい注文のご協力のお願いでメールを差し上げております。

相手は注文の依頼だとわかり身構えてしまう。本来は本題を先に言うことは良いことだが、話題がネガティブなときは相手が初めから拒絶反応を示してしまうのでうまくいかなくなる。

The current global recession has had a negative impact on our market, and we are suffering quite badly.

最近の世界経済の景気後退によって、我々の市場でも大きな悪影響がでており、当社もたいへん痛手をこうむっています。

自社が不調であることを相手に言うと足元を見られてしまう。前の文章も含めて景気の悪い話が続けば、相手の購買意欲も湧かなくなる。

Therefore, we would like to ask you to order around five sets of the AAA series by March 15th, **with a 10% discount.**

したがいまして、10% 引きで AAA シリーズ 5 セット程度、3 月 15 日までに注文をしてくださるようお願いさせていただきたいと思います。

だから助けてくれと言われても、相手は助ける気持ちは湧いてこないだろう。それとは別に10%の値引きはチョット魅力か。

Your kind positive consideration would be helpful to us.

御社が前向きに考慮していただけると我々は助かります。

懇願しているようにもとれるので、この文章はない方がいい。

Thank you very much in advance for your cooperation.

ご協力に対し、前もって心より御礼申し上げます。

このように "in advance" を使って感謝する書き方をたまに見かけるが、特に今回のような場合、相手によっては厚かましいと感じることがあるかも。

解説

Gさんは売上目標を達成できていないので必死のようです。上司からのプレッシャーも強いはず。今Gさんは苦しい状況にのみ込まれていて、相手と対等な立場で交渉しようという余裕を失っているように見えます。相手がこのメールに対してどう反応するかを考えていないようです。

文章の色分けはほとんどがネガティブなグレー。このように暗くて切実なメールを読んだ相手は購買意欲が湧いてくることはなく、さらに値引きをしないと食いついてこない可能性があります。

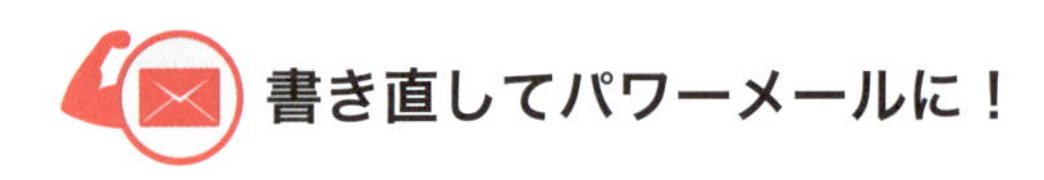

書き直してパワーメールに！

Dear Mr. R

Today we are happy to inform you of our Special Discount for the AAA Series, to help you overcome your current market difficulties.
The following is our offer.

Price : 10% discount for all AAA series (See attached list.)
Order Period : From March 1st to March 15th.
Quantity : Up to 10 units

We hope this special sale will be helpful for you.

Best regards,

いい話でスタート。

☺オーッ、値引きだ。めずらしい。どの位引いてくれるのかな？

3点以上あるときは箇条書き。

☺10%引きならチョット考えてみようか。

☺早いとこ注文した方がいいかも。

相手にお願いはせず前向きな言葉で終わる。

☺ウン、助かりそう。

help : help の後の動詞は to 不定詞にならず to を省くことが多い。
current : 最新の、今の
quantity : 数量

訳

本日は、貴社が最近の難しい市場状況に打ち勝てるよう支援させていただくため、AAA シリーズの特別値引きについてご連絡することをうれしく思います。
以下が当社からのオファーです。

値段：すべての AAA シリーズを 10%値下げ（添付のリスト参照）
注文期間：3 月 1 日から 3 月 15 日まで
数量：10 ユニットまで

貴社にとりましてこの特別セールがお役に立つことを願っております。

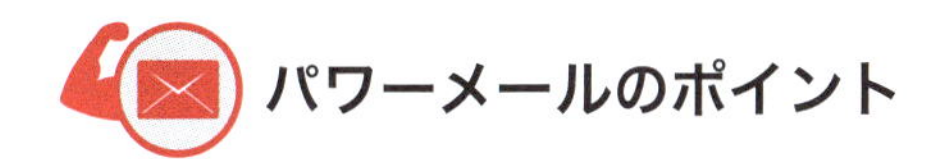

パワーメールのポイント

Today we are happy to inform you of our Special Discount for the AAA Series, to help you overcome your current market difficulties.

本日は、貴社が最近の難しい市場状況に打ち勝てるよう支援させていただくため、AAA シリーズの特別値引きについてご連絡することをうれしく思います。

相手も厳しい状況のはずなので、それを助けてあげようというアプローチ方法。文の前半はポジティブでインパクトのある書き方。後半の表現も積極的でチャレンジする姿勢を示している。

The following is our offer.

以下が当社からのオファーです。

用件が3つ以上あるときは箇条書きがわかりやすい。

（箇条書きの部分は省略）

We hope this special sale will be helpful for you.

貴社にとりましてこの特別セールがお役に立つことを願っております。

最後も前向きな言葉で終わる。

解説

今回の値引き販売は、こちらとしては売上のために必死になってやっていることですが、相手も助かるはず。そこで、このメールは相手の助けになるというポジティブな面に的を絞って書かれました。

困難な状況でメールを書かなければならないケースでも、その状況に押しつぶされることなく耐えて、**ポジティブな面を意識的に探しだし、それをまず書くことです。**すると、いい流れとリズムが生まれ、言いづらいことも書きやすくなります。

残念なメールとリライトされたパワーメールを見比べてみれば違いがわかるでしょう。明らかに後者の方が伸び伸びと書けて、相手の良い反応を引き出し、ビジネスが進展しやすいメールです。

1つ付け加えると、ポジティブ面を探そうとしてもなかなか見つからない場合もあります。**その場合は小さいことや、直接は関係のないことでもかまいません。**たとえば代理店の販売が少し伸びていたらその話題から入るのもいいでしょう。大事な冒頭の部分を気持ちよく書き出せば効果はあがります。

Dear Mr. R

Today, we would like to offer a special discount buying opportunity to you.
Our offer is as follows;

Price : **10% discount for all AAA series**
(See attached list.)

Period : From March 1st to March 15th.

Quantity : Up to 10 units.

We hope our special offer interests you, and we hope to hear from you soon.

Sincenely,

訳

本日は、特別値引き販売を行うことを申し上げたいと思います。
以下が当社からのオファーです。

値段：すべてのAAAシリーズを10%値下げ
（添付のリスト参照）
注文期間：3月1日から3月15日まで
数量：10ユニットまで

当社の特別オファーが御社に興味を持たせ、そしてご連絡を早急にいただけることを願っております。

このリライトされたメールも、ネガティブな言葉使いは1つもありません。より単純明快なメールになっています。最後の文にある interest の使い方は文を短くでき、歯切れの良さを感じさせます。

重要度★★★
難易度★★☆☆

依頼

ポジティブなエネルギーを補給しながらメールを書く。

　ネガティブなことはできるだけ書かないということがメールの基本ですが、実際のビジネスでは相手が不愉快に思うことを書かなければならない場合もよくあります。イヤなことをそのまま書けばメールの雰囲気は悪くなり、相手は不愉快に思うでしょう。相手が心を閉じればビジネスに差しさわりが生じます。

　この問題を解決して、ネガティブなことを伝えながらも相手に不愉快な思いをさせないようにもっていく書き方が次の方法です。

　＋はポジティブな文章、－はネガティブな文章、**ー**は強烈にネガティブな文章を意味しています。

ケースA　＋　－　＋

ネガティブなことが１つの場合、前後を＋の文章ではさむ。

ケースB　＋　－　＋　－　＋

ネガティブなことが２つ（以上）の場合は、ケースＡを繰り返す。この書き方で全体をプラスの雰囲気にもっていく。よく使うパターン。

ケースC　＋（＋）　**ー**　＋（＋）

強いネガティブなことを書く場合。ネガティブ度が高いので、前後に１～２つずつポジティブな文を入れて、ネガティブな力に負けないようにする。全体をプラスの雰囲気に。

その他 ポジティブな雰囲気が不足してきたと感じた場合は、ポジティブなセンテンスを補給して、全体をポジティブな雰囲気にもっていく。

では、次にHさんの書いたメールをみてみましょう。Hさんの会社は米国に代理店があり、ある特殊建材の販売を行っています。今その代理店では、その建材が在庫過剰になっています。代理店サイドでの販売は先月（7月）は伸びましたが、このままいくのかどうかわかりません。Hさんは米国市場の今後の見込みを調査して、会社の経営陣に報告しなければならないので、代理店に状況を問い合わせるために次のようなメールを書きました。

残念なメール

Dear Mr. N

Thank you for your sales report for July.
You informed us in April that your problem of overstock would be solved by June.
However, your stock has remained at the same level until now.

> 市場の状況次第で、思いどおりに行かないこともあるでしょ。

Considering this high stock level, I wonder if our sales to you will be increasing in the future.
Would you let me know how many units you can buy monthly from us until next March?

> チョットむずかしいよね。

I have to make a report about our recovery sales plan in our sales meeting. Therefore, would you send your information by the end of this week?

> そっちの社内の問題でしょ。そのために振り回されたくないんだけど！

With kind regards,

訳

7月のセールスレポートをありがとうございました。
御社より4月に連絡を受けたときは、そちらの過剰在庫の問題は6月までに解消できるはずとのことでした。しかしながら、御社の在庫は現在まで同じレベルです。
この高い在庫レベルを考慮に入れると、御社への販売が今後増えるかどうか知りたく思います。３月までに毎月何台購入していただけるかご連絡いただけますでしょうか？
　私は販売リカバリープランを営業会議で報告しなければなりません。したがいまして、今週末までに情報をご連絡いただけますか？

 残念なメール ここが原因！

Thank you for your sales report for July.
７月のセールスレポートをありがとうございました。

　出だしは前向きでいい。

You informed us in April that your problem of overstock would be solved by June.
However, your stock has remained at the same level until now.
御社より４月に連絡を受けたときは、そちらの過剰在庫の問題は６月までに解消できるはずとのことでした。しかしながら、御社の在庫は現在まで同じレベルです。

　相手ができていないことを指摘したので、相手はやや不愉快に。

Considering this high stock level, I wonder if our sales to you will be increasing in the future.
この高い在庫レベルを考慮に入れると、御社への販売が今後増えるかどうか知りたく思います。

　在庫が減らないことから見ても、こちらの売上を向上させながらの現地の在庫減は容易ではないはず。

Would you let me know how many units you can buy monthly from us until next March?
３月までに毎月何台購入していただけるかご連絡いただけますでしょうか？

具体的な数字を要求されて、相手は不快感を増す。

I have to make a report about our recovery sales plan in our sales meeting.
私は販売リカバリープランを営業会議で報告しなければなりません。

不機嫌になっている相手から見れば「そのようなことは自分たちには関係ない話」となってしまいそう。

Therefore, would you send your information by the end of this week?
したがいまして、今週末までに情報をご連絡いただけますか？

本当に送ってきてくれるかどうかチョット不安。

解説

このメールはある程度しっかりした書き方をしています。ただ、読み手の気持ちをもう少し察しながら書けば、相手の協力を得やすくなります。

このメールのように、**事実であっても相手が不愉快になることを言った直後に依頼をすると、相手は本気で応える気持ちが薄れます。**

メール全体を見ると、ほとんどがネガティブな流れなので、相手を憂鬱にさせる文章です。このメールで欲しい情報を相手から十分に得られるかどうか心配です。

書き直してパワーメールに！

Dear Mr. N

We are happy to hear your sales turnover of July was better than before. I hope your sales are improving.
On the other hand your stock level is still high. Considering this point, would you let me know how many units you will be able to buy from us each month from September to next March?
If you need any information from us, don't hesitate to ask us.
Our sales meeting will be held soon. Could you send the above information by the end of this week?
I would like to report in the meeting your sales are recovering in spite of a challenging market situation.

We are looking forward to hearing from you.

Best regards,

sales turnover：売上高
challenging：やりがいのある（実際には「大変な」の意味）

訳

そちらの７月の売上が以前よりも良かったことをとてもうれしく思います。御社の販売が向上しつつあることを願っています。

一方、そちらの在庫のレベルが依然として高い水準にあります。この点を考慮の上、9月から来年3月までに毎月何台購入していただけるかご連絡をいただけますか。

もし何か情報が必要であれば、どのようなものでも遠慮なく我々にお問い合わせください。

近々こちらではセールスミーティングが行われます。上記の情報を今週末までに送っていただくことはできますか。

私はそのミーティングで、御社の販売は難しい市況にもかかわらず挽回していることを報告したいと思っております。

ご連絡を心待ちにしております。

パワーメールのポイント

We are happy to hear your sales turnover of July was better than before.
そちらの7月の売上が以前よりも良かったことをとてもうれしく思います。

ネガティブな状況の中、たとえ小さなことでも両社にとって良い話題を探し出してそこから書き始める。前項の鉄則6をさっそく活用。

I hope your sales are improving.
御社の販売が向上しつつあることを願っています。

次の文で相手にとってイヤなことを依頼するので、その前にポジティブな流れを強くしておくために入れた文章。

On the other hand your stock level is still high. Considering this point, would you let me know how many units you will be able to buy from us each month from September to next March?

一方、そちらの在庫のレベルが依然として高い水準にあります。この点を考慮の上、９月から来年３月までに毎月何台購入していただけるかご連絡をいただけますか。

相手の販売が必ずしも好調でないときに今後の売上を尋ねれば、通常であれば相手は煩わしく思う。しかし事前にポジティブな雰囲気を作ってあるのでまだ尋ねやすい。

If you need any information from us, don't hesitate to ask us.

もし何か情報が必要であれば、どのようなものでも遠慮なく我々にお問い合わせください。

イヤな依頼をした後はすぐに前向きな文章を添えてポジティブなエネルギーを補っておく。次にまたイヤなお願いをしなければならないので、ここでエネルギーの補給は必要。

Our sales meeting will be held soon. Could you send the above information by the end of this week?

近々こちらではセールスミーティングが行われます。上記の情報を今週末までに送っていただくことはできますか。

ここでまた煩わしいお願いをしたので、相手はネガティブな気分になりそう。

I would like to report in the meeting your sales are recovering in spite of a challenging market situation.

私はそのミーティングで、御社の販売は難しい市況にもかかわらず挽回していることを報告したいと思っております。

すぐに前向きな言葉でポジティブなエネルギーを補給。ただしこの書き方は相手によってはプレッシャーに感じる場合があるかもしれない。もう1つポジティブな文章を補った方がいい。

We are looking forward to hearing form you.
ご連絡を心待ちにしております。

最後もポジティブな言葉をもってくる。さりげないプッシュも。最終的にメール全体がポジティブな印象になるようにする。

解説

このメールでは、相手にとってありがたくない依頼をしていますが、それがこのメールの目的です。しかし相手は読んでみてさほど不愉快な印象を持たないでしょう。なぜなら、このメールの文章は次の図式の順番になっていて、**ポジティブなエネルギーの方が勝るように書いてあるからです。**

メールの文章の色分けを見てわかる通り、ポジティブな太字「＋」の文とネガティブなグレー「－」の文が下記のような順に並んでいます。

＋（＋）－　－　＋（＋）－　＋　＋

実は今回のメールの要件は上記の「－」の部分だけです。ほぼそれだけを書いたものが添削前の残念なメールです。それでは当然のことながらネガティブな雰囲気が濃くなり、相手の心を閉ざしてしまいます。

パワーメールは、前向きな文章を次々に加えてエネルギーを補給し、全体的にポジティブな印象になっているので、相手は返事をする気持ちになりやすくなるのです。

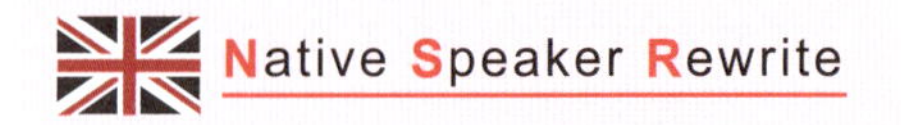

Dear Mr. N

We are pleased to hear about your improved sales performance in July, and we hope your figures continue to improve. We note that your stock level is still high, and for this reason we would like to ask how many units you intend to buy from us each month from September to March. Our hope is to report these figures in our forthcoming sales meeting, and we would be much obliged if you could assist us by sending them to us by the end of this week.

Thank you for your assistance, and if there is anything else we can help you with, please don't hesitate to ask.

Sincerely,

performance：実績
figure：（売上などの）数字
note：注意を払う
forthcoming：今度の、来るべき
be obliged：ありがたく思う

訳

御社の７月の販売実績が上がったことをお聞きしてうれしく思い、そちらの数字が引き続き伸びることを願っています。御社の在庫水準がまだ高いことに注意を払っています。この理由から９月から来年３月まで毎月当社から何ユニット購入されるつもりかお尋ねしたいのです。こちらの希望は近々行われる販売会議でこれらの数字を報告することであり、もし今週末までにそれらをご送付くださり手助けしていただければ大変ありがたく思います。

> ご助力を感謝します。そしてもしこちらで何かできることがありましたら、遠慮なくお尋ねください。

面倒なことを依頼しているわりには、相手も抵抗なく読めるメールになっています。プラスの文（節）とマイナスの文の順番を見ると次のような形になっていて、ポジティブな印象を与える文章になっているからです。

＋　＋　－　－（＋）－　＋　＋

頼み方も下記の表現が使われており、とても丁寧です。

we would be much obliged if you could ～
（もしあなたが～してくださると、我々は大変ありがたいです）

交渉

重要度 ★★★
難易度 ★★☆☆

不都合なことを書くときは、まず状況説明。次に「その状況がそうさせた」と書く。

この鉄則は、依頼・説得・謝罪などでよく使う大事なものです。

通常は結論を先に書くようにしますが、相手に都合の悪いことを伝えるときは例外です。まずは状況説明。そして、相手がある程度事情がわかった頃を見はからって、「この状況が（我々に）そうさせた」と書きます。

たとえば、値引きを要求されてこちらが受け入れられないときは、まずは値引きができない状況を説明。そのあとに「この状況が値引きをできなくさせる」と状況を主語にして書きます。**すると、値引きができないのはこの状況のせいであって、私たちのせいではないというニュアンスになり、こちらの立場はあまり悪くならずにすみます。**不都合なことを書くときに便利な書き方です。

この書き方だと、ある程度読まないと値引きをしてくれるのかどうかが相手はわからず、多少まどろっこしさを感じるかもしれませんが、それは我慢をしてもらいましょう。なぜなら、ビジネスがうまく進むことの方がこちらにとってははるかに重要だからです。

次のメールは、代理店が現地で大きな入札に勝つために10%の値引きを要求してきましたが、こちらは3.5%しか値引きできないと返事をしたＩさんのメールです。

残念なメール

Dear Mr. O

We are pleased to give you 3.5% discount for the tender of ABC. This may be less than your expectation. But, this is the maximum support we can offer.
We hope you can win the tender.

Best regards,

エッ、たった3.5%しか、値引きしてくれないの！

期待外れと思うのは当然でしょ。

これで入札に勝ってくれなんて、ムシがよすぎるよ。

tender：入札

訳

ABC の入札のために 3.5%の値引きを差し上げます。これは貴社のご期待に添えないものかもしれません。しかし、これは当社ができる最大限の援助です。

貴社が落札できることを願っております。

残念なメール ここが原因！

We are pleased to give you 3.5% discount for the tender of ABC.

ABC の入札のために 3.5% の値引きを差し上げます。

相手が10%の値引きを希望しているところに、いきなり3.5%だと書かれてあり、相手は最初からガックリ。

This may be less than your expectation.
これは貴社のご期待に添えないものかもしれません。

「値引きが少ないとわかっているならば、もっとどうにかしてヨ」と相手は言いたくなり、不満が増すだけ。

But, this is the maximum support we can offer.
しかし、これは当社ができる最大限の援助です。

理由も説明せずに「これが限界です」と書いても説得力はゼロ。

We hope you can win the tender.
貴社が落札できることを願っております。

あとは頼むヨ、という感じがして無責任な印象を与える。

解説

このメールでは、相手が不満だとわかっている「3.5%」をいきなり何の説明もないまま書いています。これで相手はカチンときます。この時点で早くもこのメールの失敗はほぼ決まり。それに続く文章もすべてがネガティブな印象を与えます。特に最後の文は、前向きな言葉で終わろうとしたのかもしれませんが、「たいした協力もしないで勝手なことを言うな」という反感を持たれそうで逆効果です。

少しでも相手の心に届くようなメールを、この鉄則を使って書いてみましょう。

書き直してパワーメールに！

Dear Mr. O
Thank you for your mail.
We understand that your situation is not easy, even with this opportunity. We would like to support you.
On the other hand the value of yen is currently high. The present strong yen is a problem for us. This situation makes it difficult for us to offer you a discount.
However, considering your difficult situation we would like to offer you 3.5% discount.
We hope it will be helpful for you.
Best regards,
前向きな文章で入る。
いい返事がきたかナ。
思いやりの言葉。相手の心を開く。
こっちの事情が少しはわかったのかも。
状況説明。
ああ、確かに円高ではあるよね。
エー！ 値引きしてくれないの？
相手がこちらの状況をわかったあとにオファー。
3.5%か。ウーン、これ以上はムリかな？
前向きな言葉でシメる。
まあ少しはね。

strong yen：円高

訳

メールをありがとうございます。

チャンスであるとはいえ、そちらの状況が容易ではないことを理解いたしております。我々は貴社を支援したいと思います。

一方、今は円高です。現在の円高は当社にとって問題です。この状況が値引きのご提供を難しくさせています。

しかしながら、そちらの難しい状況を考慮して3.5%の値引きをしたいと思います。

それが御社にとって役立つことを願っています。

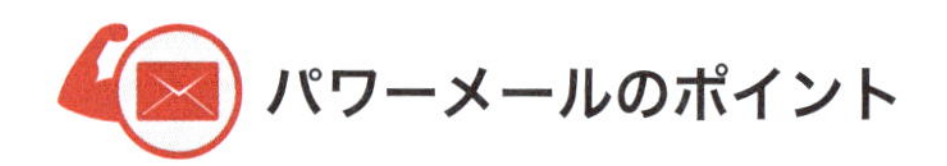

Thank you for your mail.

メールをありがとうございます。

出だしはいつも前向きな言葉で。

We understand that your situation is not easy, even with this opportunity.

チャンスであるとはいえ、そちらの状況が容易ではないことを理解いたしております。

相手の立場に理解を示し、現状のポジティブな面も書く。

We would like to support you.

我々は貴社を支援したいと思っております。

次の文から否定的な内容になっていくので、ここでもう一段ポジティブな勢いを強めておくために、この文を入れた。

On the other hand the value of yen is currently high. The present strong yen is a problem for us.

一方、今は円高です。現在の円高は当社にとって問題です。

ここから本題に入っていく。On the other hand を使い、今までのポジティブな流れをこわさないようにして、こちらの状況を説明。ここでもしButやHoweverを使うと、今まで作ってきた良い流れを断ち切ってしまい逆効果になる（鉄則19で詳説）。

This situation makes it difficult for us to offer you a discount.
この状況が値引きのご提供を難しくさせています。

この言い方が今回の鉄則のポイント。「この状況が値引きを難しくさせる」と書いて、相手の不満が私たちに向かわないようにする。

However, considering your difficult situation we would like to offer you 3.5% discount.
しかしながら、そちらの難しい状況を考慮して3.5%の値引きをしたいと思います。

相手が前の文を読んで値引きをしてくれないのではないかと心配した後、However を使うと相手はホッとして、少しでもいいことがあれば受け入れたい気持ちになる。3.5%が受け入れられやすくなる。

We hope it will be helpful for you.
それが御社にとって役立つことを願っています。

添削前の残念なメールの最後と同じ文であるが、このように状況を整えてから書けば気持ちが伝わる文章になる。

解説

3.5%の値下げでは相手が不満だということは始めからわかっています。その相手の不満をいかにして最小限に抑えるように書くかが、海外営業マンの腕のみせどころです。

まず状況を具体的に説明して相手がある程度理解したところで、言いづらいことを言います。そのとき、**“This situation makes it difficult for us to ～” などを使って、「この状況がそうさせる」**と書くことが今回のポイントです。

参考までに付け加えると、為替の変動を理由にすることは本来あまりお勧めできません。その理由でうまく収まった場合、その後に円安になって、逆に相手からそれを理由に値引きの要求を受けたら、断りづらくなるからです。多少の為替変動ならば値上げの理由にしない方が無難です。

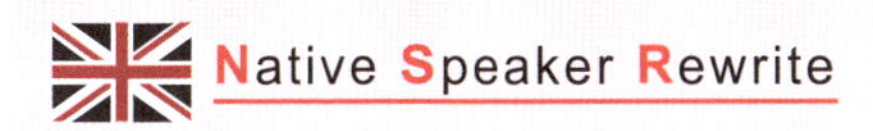

Dear Mr. O

Thank you for your mail.
We appreciate the difficult situation you are in, and we would like to offer our assistance.
We are also experiencing some challenges due to the strong yen, which makes it difficult for us to offer you a large discount. **However, we would like to do our best to support you in your current situation and we are able to offer you** a 3.5% discount.
We hope this offer will be of help to you.

Sincerely,

appreciate : 察する、正しく認識する（感謝するという意味でもよく使われる）
due to ~ : ～のため、～により

訳

メールをありがとうございます。
御社が難しい状況にあることをお察しし、ご支援を申し上げたいと思います。
当社もまた円高によりチャレンジを経験しているところであり、それが大きな値引きを差し上げることを難しくしています。しかしながら、現状の御社を、最善を尽くしてご支援できるよう、3.5%の値引きをご提供いたします。
このオファーが御社のお役に立てることを願っています。

前述のパワーメールとほぼ同じ書き方です。

細かい点では、支援という英語を３ヵ所で書くに当たり、同じ言葉を使うことを避けて assistance、support、help を使っています。

謝罪

重要度 ★★★
難易度 ★★☆☆

「不利になる言葉」の近くに「we」「our」を書かない。

不利になる言葉を書かなければならない代表的なケースは謝罪メールです。こちらのミス、遅れ、誤解、商品の不具合などいろいろあるでしょう。この場合、**my mistake、our error という書き方はしないようにします。**ミスが全部自分たちの責任につながってくる印象を強めるからです。

代わりに、the mistake か this error などにすべきです。「その間違い」とした方が、責任は私たちに直結しない感じになり、次に書くことになる対応策なども、少し余裕をもって書けるようになります。

一方、相手の方は our が this であったところで不愉快に感じることはなく、気がつくことすらないはずです。だから必ずこちらが有利になる方法で書きましょう。

この鉄則はいろいろなケースで使えますが、謝罪メールでは特に効果的です。

残念なメール

Dear Mr. P

I have read over your e-mail in relation to the damaged product we sent recently. We are very sorry for our mistake.
It would be appreciated if you could send back the damaged product to us soon. As soon as we finish the check, we will repair it and send it back to you. We will ship it within one week after we receive the damaged product.
Please accept our apology for the inconvenience caused you.

Best regards,

そう。あなたたちは不良品を送ってきたんだよね。

自分たちのミスなんだから、すぐに対処してよ。

すぐに送り返せって？
新品と交換してくれないの？

直してまたこわれない？

そっちのミスで、こっちは迷惑しているよ。

inconvenience：不便、迷惑

訳

　当社が先日出荷した故障した製品についての、御社からのメールを拝見いたしました。当社のミスを大変申し訳なく思います。

　故障している商品をすぐに返送していただければ幸いです。チェックが終わり次第、修理して返送いたします。故障した商品を受領してから１週間以内に発送いたします。

　御社にご迷惑をおかけしたことをおわび申し上げます。

残念なメール ここが原因！

I have read over your e-mail in relation to the damaged product we sent recently.
当社が先日出荷した故障した製品についての、御社からのメールを拝見いたしました。

「当社が送った故障した商品」と言ってしまうと、「当社」と「故障」という言葉がつながり、こちらが悪いという印象を強めてしまう。

We are very sorry for our mistake.
当社のミスを大変申し訳なく思います。

「自分たちのミス」と改めて言う必要はない。自分で自分の首をしめている。

It would be appreciated if you could send back the damaged product to us soon.
故障している商品をすぐに返送していただければ幸いです。

"damaged product to us" は不利な言葉と us が近づきすぎていて、こちらが悪い印象を強調。to us は不要。

As soon as we finish the check, we will repair it and send it back to you. We will ship it within one week after we receive the damaged product.
チェックが終わり次第、修理して返送いたします。故障した商品を受領してから1週間以内に発送いたします。

最後の部分の damaged は書かない方がいい。不利になるだけ。

対応策は最後に言うのではなく始めの方に述べて相手を早く安心させた方がいい。ただ、この対応策で相手は受け入れてくれるのか少し気になるところ。

Please accept our apology for the inconvenience caused you.
御社にご迷惑をおかけしたことをおわび申し上げます。

この状況でまた謝っても、相手の心には届かないだろう。むしろこちらの立場を弱くしている感じ。

解説

「当社のミス」「私たち／故障した製品」と自ら書いている点が気になります。そのせいでこちらの立場は必要以上に弱くなります。相手が日本人ならば、こちらが深く謝り、相手も「では次回からは気を付けてくださいヨ」という会話が成り立つかもしれませんが、海外ではそのようにはなりません。

今回の不具合をシビアに考えれば、輸送中に取り扱いが悪くて壊れた可能性もあるし、相手が受け取ってから壊した可能性もゼロではないのです。もしこの件でもめた場合、上記のような書き方をしてあると、**既にこちらが過失を認めている証拠にもなり、状況は不利になるでしょう。**

書き直してパワーメールに！

Dear Mr. P

Thank you for your e-mail concerning the damaged equipment. We will repair it within one week upon receiving it. It would be appreciated if you could send back this product to us as soon as you can.
If you prefer to have a new one, we will ship it in a month and a half.
Would you let us know your preference?
We are sorry for the inconvenience.
We are looking forward to hearing from you.

Best regards,

謝罪のときもthank youから。

☺意外と丁寧だな。1週間か。

☹しかし送り返すのは面倒だナ。

☺新品を送ってくれるの。でも1ヵ月半は長いナ。直してもらった方がいいかも。

相手の気持が落ち着いた頃、1回謝る。

最後の部分もポジティブに。

☺とりあえず、すぐ返事をしておこう。

訳

不具合の器械についてのメールをありがとうございます。こちらでそれを受け取りましたら１週間以内に修理をいたします。この製品をできるだけ早くご返送いただければ幸いです。

もし新しいものがよろしければ、１ヵ月半後に発送いたします。よろしい方をご連絡ください。

ご不便をおかけし、申し訳ございません。

ご返事を心待ちにしています。

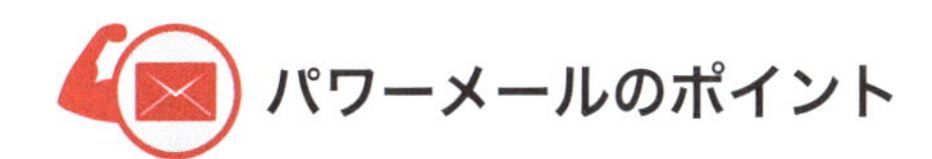

パワーメールのポイント

Thank you for your e-mail concerning the damaged equipment.
不具合の器械についてのメールをありがとうございます。

苦情のメールであっても、前向きな言葉で返す。damaged の前は our ではなく the に。our とネガティブワードを近づけない。

We will repair it within one week upon receiving it.
こちらでそれを受け取りましたら１週間以内に修理をいたします。

まず、相手が知りたがっている対処方法を知らせる。

It would be appreciated if you could send back this product to us as soon as you can.
この製品をできるだけ早くご返送いただければ幸いです。

前の２つの文でポジティブな雰囲気を作った後に、依頼事を書く。product の前に damaged というネガティブな言葉は入れない。代わりに this を入れる。

If you prefer to have a new one, we will ship it in a month and a half. Would you let us know your preference?
もし新しいものがよろしければ、１ヵ月半後に発送いたします。よろしい方をご連絡ください。

二者択一ができるように提示し、相手の自由意思で決めてもらう。相手の満足度は向上。前の文で依頼事をしてポジティブなトーンが少し下がったので、少し挽回。

We are sorry for the inconvenience.
ご不便をおかけし、申し訳ございません。

相手の感情がある程度収まった頃、ここで１回だけキッチリ謝る。謝る対象はこちらの製品の不具合ではなく、あなたの不便。もし製品不良を謝ると、この製品を作った会社全体が悪い印象を与え、こちらの立場はかなり悪くなる。

We are looking forward to hearing from you.
ご返事を心待ちにしています。

最後は前向きな言葉で終わり、全体の印象を少しでも良くする。

解説

パワーメールと残念なメールを比較すると、明らかな違いがあります。残念なメールにはネガティブな単語が多く、しかもそれらの言葉と we や our が一緒に使われています。したがって自分たちの不利な点を自分で強調している格好です。

一方、リライト後のパワーメールでは、**相手が不愉快に感じる言葉やこちらが不利になる文章（グレーで表示）が必要最低限の２つだけ。**

しかもネガティブな言葉と we、our が極力一緒にならないようにしています。

このように書けば、こちらが必要以上の責任をかぶることはなく、よけいなプレッシャーを感じることなくメールを書けます。

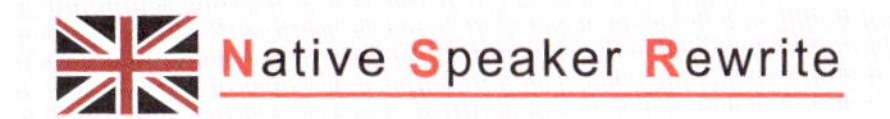
Native Speaker Rewrite

Dear Mr. P

Thank you for informing us about the damaged equipment. **We would be pleased to repair it for you if you send it to us. We anticipate the repair will take about one week.**
On the other hand, if you would prefer us to send you a new replacement product, we are happy to do so, but please be informed that this will take about six weeks. **Please let us know how you would like to proceed.**
We apologize for any inconvenience this has caused, and **we look forward hearing from you in due course.**

Sincerely,

anticipate：予想する
apologize：あやまる
in due course：追って、しかるべきときに

訳

不具合の器械についての情報をありがとうございます。もし、こちらへ送っていただければ修理をさせていただきます。修理は１週間程度の予定です。
一方、もし代わりの新しい製品がよろしければ、よろこんでそうさせていただきますが、約６週間かかることをご連絡申し上げます。どのように進めることがご希望か、どうぞご連絡ください。
このことによりご面倒をおかけしましたことをおわび申し上げるとともに、後ほどご返事をいただけますことを心待ちにしております。

とても丁寧な文章ですが、こちらに不利になる言葉に関連する we がほとんど書かれていません。ただ1ヵ所、避けられない We apologize の部分だけです。

その反対に、ポジティブな言葉に関連した we は数ヵ所あります。このような書き方によって、謝罪のメールであるにもかかわらず気持ちよく読める文章になっています。

また、最後の謝罪の文は、すぐ後にポジティブな文をつなげて1つの長い文章にしています。謝罪をしたことによってこちらの立場が弱くなることを和らげる効果があります。

謝罪

重要度★★★
難易度★★☆

Sorryは1回でキメる。何度も謝らない。

謝罪メールを書くときに、相手に誠意を示そうとして何回も謝ると、こちらの立場はどんどん悪くなります。鉄則４では「依頼」は少ない方がいいということを述べましたが、「謝罪」の場合は、このことがさらに重要になります。

謝罪の言葉は１度だけ。それでこちらの気持ちを相手に届かせます。ポイントは以下の通りです。

- 最初は謝らず、前向きな言葉で始める。
- 必要があれば、相手の不都合にすぐ対処し、それを連絡する。
- 不都合が起きた状況を説明。場合によっては再発防止策も述べる。
- 相手がある程度状況を理解したと思われる段階で、初めて１回だけキッチリ謝る。

日本では、相手に不都合なことをしてしまった場合、まずは謝って相手の怒りをなだめることが普通です。相手の感情をそこなわないことが論理よりも優先される場合が多いからです。

しかし、これは外国人には通用しないと考えた方がいいでしょう。**原因や対処の説明が不十分なまま謝り続けていると、相手は納得できず、こちらの立場は悪くなるばかりです。そして責任は増していきます。**

ビジネスでミスを犯しても背筋を伸ばして、まず原因・対策などを説明し、相手にこちらの状況を知ってもらうことが大事です。**相手がある程度理解をしたと思われる時点で、初めてキッチリ謝れば、１回の謝罪で相手の心に届きます。**

スジが通れば多くの場合、相手もそれなりに納得してくれることが多いのです。

この鉄則10は、謝罪メールの基本であり、とても大事です。

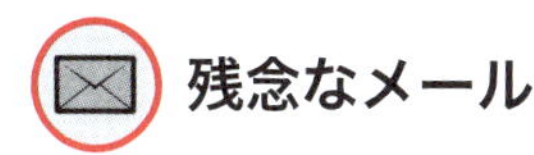

残念なメール

Dear Mr. Q

We are sorry for our late reply.
We deeply apologize for sending the wrong item by our mistake. **The correct item will be sent to you today.**
Would you kindly send back the wrong item to us soon?
We are very sorry for the inconvenience.
We will do our utmost so that this problem will not happen again in the future.

Best regards,

そうだよ。返事が遅すぎるよ。

なんでそんなミスをしたの！

すぐに送り返せって？

そっちのせいでこっちは本当に迷惑だよ。

口先だけでしょ。

utmost：最大限の（do one's utmost で、全力を尽くす）

訳

ご返事が遅くなり申し訳ありません。

当方のミスにより間違った品物をお送りしてしまい深くおわび申し上げます。正しい商品を本日お送りいたします。間違えてお送りしたものはお手数ながらすぐにご返送いただけますか？

私たちはご迷惑をおかけしましたことを、心よりおわび申し上げます。

このようなことが今後二度と起こらぬよう、全力を尽くす所存でございます。

残念なメール ここが原因！

We are sorry for our late reply.
ご返事が遅くなり申し訳ありません。

最初に本題と関係のないささいなことで謝ってしまっているので、さらに弱い立場から謝罪の話を始めることになる。余裕がなくなり、この後の謝り方が難しくなる。

We deeply apologize for sending the wrong item by our mistake.
当方のミスにより間違った品物をお送りしてしまい深くおわび申し上げます。

ここで本題の謝罪。謝罪の連発になりこちらの立場はさらに悪化。「我々のミスによる間違った品物の送付を我々は謝る」という表現によって、こちらの失敗と責任を自ら強調してしまっている書き方。

The correct item will be send to you today.
正しい商品を本日お送りいたします。

相手を多少安心させる内容をすぐに書くのは良い。

Would you kindly send back the wrong item to us soon?
間違えてお送りしたものはお手数ながらすぐにご返送いただけますか？

前にポジティブな文章があるので、この依頼の文が来ても何とか持ちこたえられている感じ。相手も何とか対応してくれるだろう。

We are very sorry for the inconvenience.
私たちはご迷惑をおかけしましたことを、心よりおわび申し上げます。

これで3回目の謝罪。謝りすぎ。

We will do our utmost so that this problem will not happen again in the future.
このようなことが今後二度と起こらぬよう、全力を尽くす所存でございます。

具体策もなく口先だけで相手をなだめようとしている感じ。もしもまた起きたときは、謝り方が難しくなる。

解説

このメールは日本国内でありがちな謝罪文を、そのまま英訳したような感じです。まず気になる点は、この短いメールの中で3回も謝っていることです。これでは必要以上に立場が悪くなっていきます。このような書き方をしていると、相手に言われ放題になってしまうでしょう。

相手が気になっているのは、このミスに対してどう対処をしてくれるかということ。そして、このようなミスがまた起こりはしないかということです。このメールでは対処については書いてありますが、今後の対策については曖昧です。

これらのことを考慮して書き直したのが次のメールです。

書き直してパワーメールに！

Dear Mr. Q

Thank you for your mail pointing out the incorrect item you received.
We will ship the correct item to you today.
We carefully examined our pre-shipment inspection routine and discovered a minor flaw. **We have already corrected it.**
We are very sorry for this mistake.
Would you send the item back to us?

Thank you for your cooperation in this matter.

Best regards,

苦情の返事も感謝の言葉から。

対処方法を伝える。

今日送ってくれるのね。

再発防止策もとったことを説明。

へー、もう対策までしたの！

ここで1回だけキッチリ謝る。

しょうがないねえ。

最後は前向きな言葉で終わる。

今度からは気を付けてヨ。

pre-shipment inspection routine：出荷前検査の所定の手順
flaw：不備

訳

お受け取りになった商品が正しいものではなかったとのご指摘のメールをありがとうございました。
本日正しい商品を発送いたします。
当社の出荷前検査の所定の手順を精査しましたところ、小さな不備を見つけました。我々は既にそれを修正しております。
このミスを心よりおわび申し上げます。
その商品はご返送いただけますでしょうか？

本件に関しましてご協力を感謝いたします。

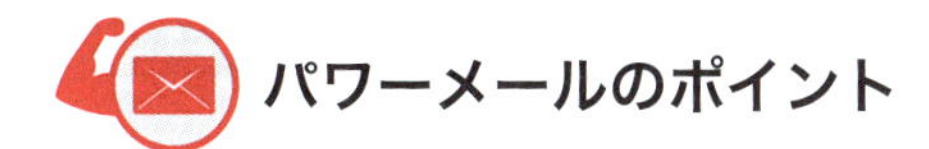

パワーメールのポイント

Thank you for your mail pointed out the incorrect item you received.
お受け取りになった商品が正しいものではなかったとのご指摘のメールをありがとうございました。

クレームがきたときは、真摯にご指摘ありがとうございますと返すのがベスト。（注：英語のクレーム/claim には苦情という意味はない。苦情は complaint）

We will ship the correct item to you today.
本日正しい商品を発送いたします。

起きた問題にすぐ対処して、まず相手を安心させる。

We carefully examined our pre-shipment inspection routine and discovered a minor flaw. **We have already corrected it.**
当社の出荷前検査の所定の手順を精査しましたところ、小さな不備を見つけました。我々は既にそれを修正しております。

謝る前に、こちらが再発防止策を既にとったことを報告。

We are very sorry for this mistake.
このミスを心よりおわび申し上げます。

目の前の問題を処理し、再発防止策も済ませて相手の心が落ち着いてきたこの時点で、キッチリと1回だけ謝る。

Would you send the item back to us?
その商品はご返送いただけますでしょうか？

必要なことを依頼。この文は2番目の文章の次に入れた方が自然だが、印象に強く残るように、あえて最後の方に入れた。

Thank you for your cooperation in this matter.
本件に関しましてご協力を感謝いたします。

最後は謝るのではなく、前向きな感謝の言葉で締めくくる。

解説

このパワーメールのポイントは、謝罪を１回で済ませているところです。

まず、状況をポジティブに説明。そして相手の心が落ち着いたところで謝れば、１回だけの謝罪で相手の心に届くのです。

冒頭では、謝罪ではなくて感謝の言葉を述べました。相手に快く感じてもらえるので“プラスの状態”からスタートできます。

謝罪メールにもかかわらず、太字の文が多いことに気付いたかと思います。内容は、指摘してくれたことへのお礼、原因の説明と対策などで、半分近くがポジティブな文になっています。

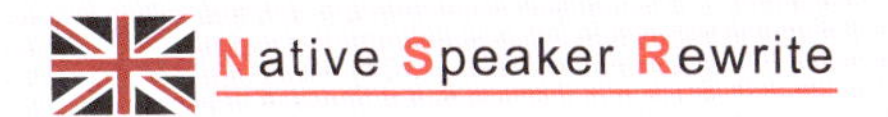

Native Speaker Rewrite

Dear Mr. Q

Thank you for informing us that we shipped the wrong item to you. **We will ship the correct item to you today.**
We carefully examined our pre-shipment inspection routine, and made a correction to ensure an error of this kind cannot happen again.
We sincerely apologize for this and we would like to ask you to return the item. Naturally we will cover the shipping cost.
We thank you in advance **for your kind cooperation in this matter.**

Best regards,

訳

お送りしたものが間違った商品であったとのご連絡をありがとうございます。正しい商品を本日お送りいたします。

当社の出荷前検査の所定の手順を精査し、再度この種のミスが決して起こらないように修正を加えました。

本件を大変申し訳なく思います。その商品をご返送くださいますようお願い申し上げます。当然のことながら運送費用はこちらで持ちます。

本件に関しましてご協力を前もって感謝いたします。

前述のパワーメールでは「検査して不備を見つけ、修正をした」とありましたが、このメールでは、「検査をして修正を加えた」となっています。それにより、こちらにとって不利になる「不備を見つけた」という言葉を書かずに済ましています。このような小さなテクニックの積み重ねによって、さらに自分に有利なメールに仕上がります。

謝罪

重要度 ★★★
難易度 ★★☆

最もダメージの少ない謝り方。究極の謝罪メールは6ステップで。

❶Thank you から入る（“Sorry”を最初に書かない）。

❷まずは状況説明。

❸相手が状況を理解した頃に「この状況がそうさせた」。

❹相手が仕方がないと思った頃を見はからって、初めて“Sorry”を書く。

❺謝る範囲を狭く限定。

❻最後はポジティブな言葉でしめくくる。

＊マイナスな単語（mistake等）と自分（we、our等）とを関連させない。マイナスな場面では、we、our、I、myを極力書かない。

謝罪メールを書く時点で、すでにこちらの立場は相当悪いものです。その状態で書くメールは、メールの中でも最も書くのが難しいものの１つでしょう。

丁重に謝り、誠意をもって対応をすることは当然です。しかし謝りすぎてしまうとこちらの弱い立場はさらに弱くなり、相手から文句の言われ放題になって補償問題などにもなりかねません。

一方、立場を悪くしないように謝罪を簡単にすませようとすれば、相手は収まらないでしょう。不誠実な対応はビジネスに悪影響を与えます。

この相反する2つを両立させられるよう、誠意と謝罪の気持ちを十分示しながらも、こちらのダメージを最小限に抑えるメールの書き方がこの鉄則11です。

ここで説明するものは、本書の中で最も手の込んだ鉄則です。しかし内容のほとんどは今までに述べてきた幾つかの鉄則の合わせ技です。すでに鉄則9、10で謝罪メールの基本をお伝えしました。それらに他の鉄則を加えて謝罪メールの完成形にしたものが鉄則11です。❶から❻までを順番に書けば、無理なく十分な効果を発揮できる謝罪メールになります。

次のメールは、ある検査装置メーカーの海外営業マンが書いた代理店への謝罪メールです。新製品の出荷直前に不具合が見つかり、出荷を延期しました。代理店からは催促が来ています。代理店も客から毎日のように催促を受け、板ばさみになっている様子。代理店に対して言い訳のしようがない状況になっています。

残念なメール

Dear Mr. B

We are very sorry we have had to postponed the shipment of DD-8000.
We will try hard to deliver it as soon as possible. At the moment we are planning to ship it within a month. We ask for your patience until then.
We apologize to you for the inconvenience caused by our delay.

Best regards,

> 本当に遅いよ。いったいどうなっているの？

> エーッ、出荷はあと1ヵ月もかかるの？

> 謝ってすむ問題じゃないよ。早くしてよ。

postpone：延期する

訳

私どもが、DD-8000の出荷を延期せざるを得なかったことを、大変申し訳なく思っております。

できるだけ早く出荷するように懸命に頑張ります。現時点では1ヵ月以内に出荷する計画です。それまでお待ちくださいますようお願いいたします。

当社の遅れで御社にご不便をおかけし、申し訳ございません。

残念なメール ここが原因！

We are very sorry we have had to postponed the shipment of DD-8000.

私どもが、DD-8000の出荷を延期せざるを得なかったことを、大変申し訳なく思っております。

初めから謝罪してしまい、ただでさえ悪いこちらの立場を自ら弱めている。この短い文の中で、we をネガティブな言葉と一緒に2回も使っているので、「私たちが全面的に悪い」という印象を強調。最初から土俵際まで自分で下がってしまった感じ。

We will try hard to deliver it as soon as possible.
できるだけ早く出荷するように懸命に頑張ります。

出荷を早めるよう努力するだけでは具体性がないので、相手の心に伝わるものがなく、口先だけの言い訳にしか聞こえない。

At the moment we are planning to ship it within a month. We ask for your patience until then.
現時点では1ヵ月以内に出荷する計画です。それまでお待ちくださいますようお願いいたします。

ネガティブな雰囲気の中で遅くなる出荷日を連絡すれば、反発を招くだけ。言うタイミングが悪い。

We apologize to you for the inconvenience caused by our delay.
当社の遅れで御社にご不便をおかけし、申し訳ございません。

不機嫌な相手にまた謝罪。caused by our delay によってこちらの立場は最弱に。この状態でメールが終わる。この後どうなるのか。

解説

何度も頭を下げて遅れることを連絡しただけのメールのように見

えます。**遅れた理由も書いていません。**

このメールは、相手を説得できないばかりか、こちらの立場を守ろうという大事なビジネスマインドが欠けているようにも見えます。

このメールだけでは相手は収まらず、こちらの立場を悪くしながらやり取りは続きそうです。

書き直してパワーメールに！

Dear Mr. B

Thank you for your mail. We fully understand your situation concerning the DD-8000.
We will start the shipment soon.
We found one DD-8000 in the first lot whose image may fade after extended usage. Even though this rarely happens, the quality control manager stopped the shipment to ensure our customers receive the highest quality products. If we had shipped the products in that condition, there was the possibility that they would be recalled in the future. This situation forced us to postpone delivery.
Fortunately our engineers have just rectified the problem. We feel confident we will be able to start the shipment within a month.
We are very sorry for this delay.
We will try to send the shipment to you as soon as possible. We are in discussion with our production department and a forwarder to try and ensure a speedy shipment.
We will get in contact with you again.

Best regards,

Sorryからは入らない。

こっちの気持ちを少しはわかってくれているのかナ。

状況説明をしっかりする。

将来もしリコールが起きては面倒なことになるナ。製造はすぐに再開されるようだ。

この状況が延期させたと書く。

相手が理解したところで、1回だけ「この遅れ」を謝る。

ウーン！すぐ出荷してもらうのはムリそうだナ…。

最後はポジティブな言葉を述べて終わる。

1日でも早くたのむよ。

extended : 長期の
quality control manager : 品質管理マネージャー
ensure : 保証する、確実にする
rectify : 修正する、直す

訳

メールをありがとうございました。DD-8000 の件、そちら様の状況を十分に理解しております。

出荷を近々開始いたします。

最初の生産ロットの中で長時間使用すると画像が消える可能性がある DD-8000 が 1 台見つかりました。そのような現象が起こることはめったにないとはいえ、品質管理マネージャーは顧客に高品質な製品を届けることを保証するために出荷を止めました。もしその状態の製品を出荷したとすると、将来的にリコールが起こる可能性もありました。このような状況が我々に出荷の延期を強いました。

幸い技術者たちは問題点を修正したところです。1ヵ月以内に出荷を開始できることを確信しています。

この遅れを大変申し訳なく思っております。

我々はできるだけ早く出荷できるよう努力いたします。我々の製造部門、そして運送会社と確実に早急な出荷ができるよう話し合っております。

またこちらからご連絡申し上げます。

パワーメールのポイント

Thank you for your mail. We fully understand your situation concerning the DD-8000.

メールをありがとうございました。DD-8000 の件、そちら様の状況を十分に理解しております。

まずは相手がうなずく言葉ではじめる。「6ステップ」の第❶段階。

We will start the shipment soon.
出荷を近々開始いたします。

相手に安心感を与えることを述べて本題に入る。

We found one DD-8000 in the first lot whose image may fade after extended usage. **Even though this rarely happens, the quality control manager stopped the** shipment **to ensure our customers receive the highest quality products.** If we had shipped the products in that condition, there was the possibility that they would be recalled in the future.
最初の生産ロットの中で長時間使用すると画像が消える可能性がある DD-8000 が１台見つかりました。そのような現象が起こることはめったにないとはいえ、品質管理マネージャーは顧客に高品質な製品を届けることを保証するために出荷を止めました。もしその状態の製品を出荷したとすると、将来的にリコールが起こる可能性もありました。

謝る前に、まず状況を丁寧に説明。将来リコールも起こりかねないことを知らせておく。相手も仕方ないという気持ちになるだろう。「６ステップ」の第❷段階。

また、我々（we）が出荷をストップしたと言うより、quality control manager というスペシャリストがストップしたと書く方がより説得力がある。「我々のせいで遅れた」というニュアンスも薄れる。不都合なことを言うときはできるだけ we は書かない。

This situation forced us to postpone delivery.
このような状況が我々に出荷の延期を強いました。

この状況が出荷の延期を強いた、と書く。遅れた原因は（我々のせいではなく）この状況であるという書き方。「６ステップ」の第

❸段階。

「出荷停止」というネガティブなことを書いた後は、続けて「品質向上のため」というポジティブな言葉を添えて、少し挽回。

Fortunately our engineers have just rectified the problem. We feel confident we will be able to start the shipment within a month.

幸い技術者たちは問題点を修正したところです。１ヵ月以内に出荷を開始できることを確信しています。

前の説明で相手は遅れの背景がだいたいわかり、怒りの感情もある程度収まってきた頃。ここで、ポジティブな文章とともに遅くなる出荷日を言う。

We are very sorry for this delay.

この遅れを大変申し訳なく思っております。

ここでキッチリ謝る。ここで謝れば相手の心に届く。謝罪はこの１回だけ。「６ステップ」の❹段階。謝り方は、謝る範囲を狭く限定し、この出荷遅れ this delay だけを謝る。もし our delay とすると、我が社が全面的に悪いという印象を与えてこちらの立場が悪くなる。だからここは this delay にしなければならない。「６ステップ」の❺段階。

We will try to send the shipment to you as soon as possible. We are in discussion with our production department and a forwarder to try and ensure a speedy shipment.
We will get in contact with you again.

我々はできるだけ早く出荷できるよう努力いたします。我々の製造部門、そして運送会社と確実に早急な出荷ができるよう話し合っております。またこちらからご連絡申し上げます。

前向きな文を３つ重ねて、こちらの誠意と前向きな姿勢を十分に示して最後をしめくくる。最後がポジティブであれば、メール全体の印象が良くなると同時に、相手の不満の芽が再び出てこないようにする効果もある。「６ステップ」の❻段階。

最後に再び「このたびは大変申し訳ありませんでした」と書く人がいるが、そう書くと、せっかく今までこちらの立場を保つように組み立ててきた文章の意図が崩れ、こちらの立場をまた悪くしてしまう。最後の文章は相手に与える印象が大きいので、ここは謝罪ではなくポジティブな言葉でなければならない。

解説

このメールでは幾つかの鉄則が合わさっていますが、メインとなるものは「謝罪の言葉は１回だけ」ということです。弾が1発しかないのなら、１発でしとめるために、いかに相手を引き付けてどのタイミングで撃つか、そのタイミングをどのようにして作るかが大事です。

前述の６段階で謝罪メールを書けばベストのタイミングが整い、１回の謝罪で相手の心に届きます。この方法であれば、自分の立場が悪くなることを避けながら、誠意のこもった謝罪メールを書くことができます。

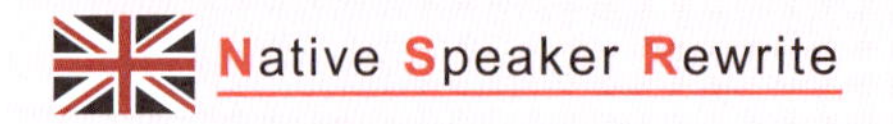

Dear Mr. B

Thank you for your mail. We fully appreciate your situation regarding the DD-8000.
The current production status of this product is improving. We found an item in which the screen blacked out after long, continuous use. Such occurrences are very rare, nonetheless our quality control manager took the decision to suspend shipments in order to ensure our customers receive the highest quality products.
I am pleased to say our engineers have found and rectified the problem, and we can say with confidence that our shipments will start within a month.
We sincerely apologize for any inconvenience this delay may have caused, and we assure you we are making every effort to expedite the shipment.
If there is any further change in our situation, I will contact you with any relevant updates. If there is anything else I can help you with, please don't hesitate to contact me.

Sincerely,

nonetheless：それにもかかわらず
suspend：一時中断する
expedite：迅速に行う、促進する
relevant：適切な

訳

メールをありがとうございました。DD-8000についてそちらの状況を十分理解いたしました。

現在この製品の生産状況は改善しています。第1ロットの中で長時間連続して使用すると画像が消えるものを1台発見しました。このようなことがおこることは極めてまれですが、それでも当社の品質管理マネージャーは顧客に最高品質の製品を届けるため出荷の一時停止を決めました。幸い技術者たちは問題点を見つけ修正し終えました。1ヵ月以内に出荷を開始するよう確信をもって申し上げます。

今回の遅れによりご迷惑をかけましたことを心よりおわび申し上げるとともに、出荷を早めるためにあらゆる努力をしていることを御社に納得していただけるようにいたします。

もしこちらの状況にさらに変化がありましたら、適切な最新情報をお届けいたします。もしほかに何かそちらのお役に立てることがありましたらどうぞ遠慮なくご連絡ください。

ダニエル先生のリライトもほぼ6段階を踏んで書かれています。

このメールでは、出荷が遅れることを知らせる文章がこちらとしては最も言いづらいものです。そこで、その文の前に積極的な文章を付け加えて1つの文にして、相手に与える不快感を和らげています（下線部分上）。その次の謝罪文でも同じ手法を使用。また、この謝罪文の中で、「この遅れが引き起こしたご迷惑を謝ります」と書かれており、「私たちが引き起こした」とは書いていないことに、気がついたでしょうか（下線部分下）。最後の段落ではこちらの誠意を示す言葉をふんだんに使って、相手に安心感を与え、ポジティブな雰囲気を高めています。

重要度 ★★☆
難易度 ★☆☆

鉄則 12

催促

究極の催促メールは、相手がやってくれているものと見なして、手助けを申し出る。

相手を不快な気持ちにさせることなく催促する方法が、今回の鉄則です。返事を催促する場合は次の方法で行います。

❶相手からの返事が遅れていても、こちらは相手がやってくれている最中だと信頼している態度で接する。プッシュはしない、してもごく控えめに。
❷相手がやってくれているはずのことに対して「何か手助けできることはないか」と尋ねる。

こう書けば、相手は不快感を覚えることはまずありません。**相手は返事をしていないことに多少の後ろめたさもあるはずなので、こちらの穏やかな態度に少し安心するとともに、とりあえず返事をしておこうという気持ちになるでしょう。**

では次のMさんのメールを見てみます。スポーツウエアの共同開発を持ちかけた「ABC プロジェクト」の提案を米国の取引先にしたのですが、1ヵ月以上経っても返事がこないので、催促をするために書いたメールです。

残念なメール

Dear Mr. S

Could you give me the information of your status about project ABC? I have to submit a report to my boss.
It would be appreciated if you would update me on this matter as soon as possible.

With best regards,

ああ、あの話か。

こっちもいろいろ都合があってね〜。そっちの社内のことまで気を使えないよ。

こっちは忙しいんだから、すぐに送れと言われてもムリ。また言ってくるまで、放っておこうか。

update -- on ~ : -- に、〜について最新の情報を与える

訳

ABC プロジェクトについて御社の状況をお知らせいただけませんか？私は上司に報告書を提出しなくてはなりません。本件について最新情報をできるだけ早く頂ければありがたく思います。

残念なメール ここが原因！

Could you give me the information of your status about project ABC?
ABC プロジェクトについて御社の状況をお知らせいただけませんか？

相手にとって気乗りしないことにいきなり入ると、相手は不愉快な気分になる。いったんネガティブな気持ちにさせてしまうと、なかなか機嫌は直らない。

I have to submit a report to my boss.
私は上司に報告書を提出しなくてはなりません。

相手は「そんなことはこちらには関係ない話でしょ」となってしまう。本来であれば、このプロジェクトが大事だから返事を催促するはずが、上司に報告するためというのはピントがずれている。

It would be appreciated if you would update me on this matter as soon as possible.
本件について最新情報をできるだけ早く頂ければありがたく思います。

ここで丁寧にお願いしても効果は薄い。急いでいるなら期限をハッキリ書こう。これでは相手の対応は鈍くなりそう。

解説

このメールを受けとった相手は面倒くさいメールがきたと思うことでしょう。それ以前に、プロジェクトの提案に対して1ヵ月も返事がこないということ自体、相手は興味がないか、当面返事をしたくない状況にあるのでしょう。そのような相手の気持ちをMさんは全く気にしないで、ただ自分の都合だけを述べています。

このメールのように「私たちが困っているのでお願いします」という依頼の仕方は、説得力がありません。さらに、もし相手がしぶしぶやってくれたとしても結果的にこちらは相手に「借り」をつくる形になってしまいます。

その辺りを考慮して書き直したものが、次のメールです。

書き直してパワーメールに！

Dear Mr. S

One month has passed since we met last time. **I hope everything is going well for you and your company.**
I would like to ask you whether your study on project ABC is proceeding smoothly. **If you need additional information, please do not hesitate to contact us.**

Best regards,

催促の気配を見せず、前向きな言葉で入る。

ついに催促がきたのかな。

本題に入る。

足りないものがないか相手を気づかう。

例のプロジェクトね。特に必要とする情報はないけど、チョット放っておきすぎたかナ。

とりあえずハッキリさせた方がいいかも。

訳

前回お会いしてから１ヵ月が経ちました。あなたと御社にとってすべてが順調に進んでいることと思います。

ABC プロジェクトの御社でのご検討は順調に進んでいらっしゃるかどうかお聞きしたいと思います。もし追加の情報が必要でしたら、どうぞ遠慮なくご連絡ください。

パワーメールのポイント

One month has passed since we met last time. **I hope everything is going well for you and your company.**

前回お会いしてから１ヵ月が経ちました。あなたと御社にとってすべてが順調に進んでいることと思います。

催促するという気配を見せずに、まずポジティブな挨拶をして、相手をリラックスさせる。

I would like to ask you whether your study on project ABC is proceeding smoothly.

ABC プロジェクトの御社でのご検討は順調に進んでいらっしゃるかどうかお聞きしたいと思います。

相手にプレッシャーを与えないように本題について尋ねる。

If you need additional information, please do not hesitate to contact us.

もし追加の情報が必要でしたら、どうぞ遠慮なくご連絡ください。

正面から催促するのではなく、「もしそちらの検討のために足りないものがあれば送ります」と相手に対して思いやりを示して、相手が何かしらの返事をしやすくしている。

解説

相手が返事をしてこないのは、このプロジェクトに興味がないということかもしれませんが、一方、返事をしていないことに対して、多少の負い目も感じているはずです。この状態でただ相手を単純にプッシュしてしまうと、負い目よりも面倒だという気持を刺激してしまい、誠意ある返事は得づらくなります。それを避けるためには、逆に相手を肯定するような温かい言葉を投げかけた方が効果的です。相手は負い目があるだけに、温かいメールをもらえば心を開き、本音を言いやすくなるからです。

今回は必ず返事をもらいたいので、少しハッキリ尋ねました。4行目の部分です。もっとソフトに書くならば、**"I believe you are working on this." と相手がやってくれていることを信じて**

いるように書きます。そしてその後に、「何かこちらで手伝えることがあればご連絡ください」と思いやりの言葉を述べることがポイントです。相手は少し恐縮するかもしれません。

今までの流れからして、このプロジェクトに関しておそらく相手は興味がないと返事をしてくるでしょう。これはお互いビジネスである以上しかたのないことです。説得はムリだと思ったときは、快くそのことを受け入れることがベスト。相手から信頼される良い関係を保っておくことが大切です。そうすれば、いずれまた新しいチャンスがくるはずです。

ついでながら言うと、こちらがある程度確信を持って提案したプロジェクトに対して相手が意外にも興味を示さないというのはどういうことでしょうか。もしかしたら、先方の社内でこれに近い何かしらの動きが既にあるのかもしれません。良い関係を保っていれば、そこら辺の情報が入ってくる可能性もあります。

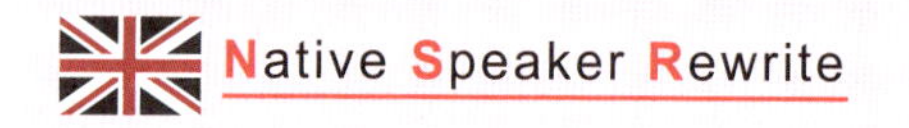

Dear Mr. S

It has been one month since we last met, and **I hope everything is running smoothly at your company.**
I would like to ask if there are any updates regarding project ABC. **If you need any additional information, or if we can be of assistance, please don't hesitate to contact us.**

Sincerely,

訳

前回お会いしてから1ヵ月が経ちました。御社におかれましてはすべてが円滑に進んでいることと思います。

ABCプロジェクトについて何かしらの最新情報があるかどうかお聞きしたいと思います。もしこちらからの追加情報が必要でしたら、また、もしこちらで何かお役に立てることがありましたら、どうぞお気軽にご連絡ください。

相手が本プロジェクトのことを真剣に検討してくれていることを信じた上で書かれたメールのように見えます。これを読めば、相手は検討していなかったとしても、何かしらの返事をしなければならないという気持ちになるでしょう。最新情報の質問をした後はすぐに相手の立場を思いやる言葉を繰り出してこちらの誠意を十分に伝え、返事をもらいやすくしています。

重要度 ★★☆☆
難易度 ★★☆☆

鉄則 13

断り

断るときには代案を。Noと言う必要がなくなる。

断りのメールを書くときは気を使うものです。特に相手が強い立場にあるときはなおさらです。しかしビジネスである以上、こちらの意思はハッキリ伝えなければなりません。このようなとき、Noと言わなくてもいい方法があります。それは代案を示すことです。

代案は同時に No を意味しますが、相手の意識は断られたことよりも代案の方へ行くので、相手の不満を自然にかわせて好都合。そして、**たとえその代案が受け入れられなくても、こちらは誠意を示したことになり、相手の不快感は和らぎます。**

次の例は、測量器を輸出しているNさんのメールです。海外の販売代理店から再度の値引き要求が来ました。先日値引きをして相手と合意をしたばかりなので、こちらとしては応じるわけにいきません。Nさんは突っぱねました。このメールを受け取った相手はどのように感じるでしょうか。

残念なメール

Dear Mr. T

Honestly speaking, it is impossible for us to offer the price of EX-510 that you requested. Last week we already gave you a discount and you agreed to it. We are not in a position to give you a further discount. We ask for your understanding in this matter.

Best regards,

いきなりダメと言ってきた。カチン！

競合会社が安い値段を出してきたんだヨ。

まったく非協力的だ！

そっちのことよりこっちのことを理解してよ。

訳

正直なところ EX-510 をご要望の値段でお出しすることは不可能です。先週、すでに値引きをしてあなたも合意しました。こちらはさらに値引きをする立場にはありません。

本件について我々の状況をご理解ください。

残念なメール ここが原因！

Honestly speaking, it is impossible for us to offer the price of EX-510 that you requested.

正直なところ EX-510 をご要望の値段でお出しすることは不可能です。

初めから無理と言われて、相手はカチンとくる。

Last week we already gave you a discount and you agreed to it.
先週、すでに値引きをしてあなたも合意しました。

さらに追い討ちをかけるように、非難ともとれる言葉。

We are not in a position to give you a further discount.
こちらはさらに値引きをする立場にはありません。

再度値引きできないと強い調子で書いてある。これで相手は怒りにも近い感情に。

We ask for your understanding in this matter.
本件について我々の状況をご理解ください。

こちらの状況を察してくれというつもりで書いたのだろう。しかしこの状態で何も説明しないで理解してくれというのは無理な話。

解説

自分の都合だけを考えて書いたメールです。ビジネスは、相手の立場や全体の状況も考えなければうまく進みません。

このメールの英文の色はすべてネガティブを示すグレーです。これを受け取った人は、値引きはできないと一刀両断に言われ、モチベーションは一気に下がってしまいます。外国人にはある程度ハッキリとものを言った方がいいのですが、**はっきり意思表示をすることと、相手の気持ちを無視して高飛車に言うことは全く違います。**

書き直してパワーメールに！

Dear Mr. T

Thank you for your mail.
We have considered your requested price.
If your budget cannot be changed, **we can offer EX-310 instead of the EX-510 at your desired price, even though the price of EX-310 is 10% higher than your budget. Or, we can offer EX-510 at the same price that was exhibited several times at shows.** Its package is a little bit damaged, **but the condition of this EX-510 is as good as new, and it is also guaranteed for one year.**
We are looking forward to hearing from you.

Best regards,

明るい言葉で入る。

何かイイこと言ってきたかナ。

代案を提示。

別なモデルではどうかだって？安い機種でしょ？

代案2を提示。

新品同様の器械か。こっちの方がいいかも。

相手に選択させる。最後は前向きな言葉で。

これにしようと言おうかな。

訳

メールをありがとうございます。
ご要望の値段を検討いたしました。もしその予算額を変えることができないのであれば、EX-310はご予算より10%高いものですが代わりにEX-310をご予算の金額で提供することが可能です。または、展示会で数回使用したEX-510をご要望の金額で提供することができます。パッケージは少々傷んでいますが、このEX-510の状態は新品同様で、そして1年保証もつきます。
ご返事を心待ちにしています。

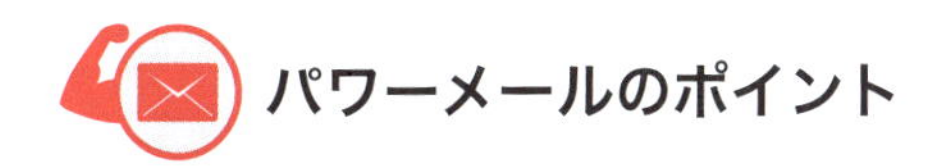

パワーメールのポイント

Thank you for your mail.

メールをありがとうございます。

断りの返事であってもポジティブな言い方から入る。

We have considered your requested price.

ご要望の値段を検討いたしました。

相手の要求を真剣に検討したことを知らせる。

If your budget cannot be changed, **we can offer EX-310 instead of the EX-510 at your desired price, even though the price of EX-310 is 10% higher than your budget.**

もしその予算額を変えることができないのであれば、EX-310はご予算より10%高いものですが代わりにEX-310をご予算の金額で提供することが可能です。

断る言葉のかわりに、こちらの代案を述べている。

Or, we can offer EX-510 at the same price that was exhibited several times at shows. Its package is a little bit damaged, **but the condition of this EX-510 is as good as new, and it is also guaranteed for one year.**

または、展示会で数回使用したEX-510をご要望の金額で提供することができます。パッケージは少々傷んでいますが、このEX-510の状態は新品同様で、そして1年保証もつきます。

さらに、より納得できそうな別の代案も示し、相手に選択させる。

We are looking forward to hearing from you.

ご返事を心待ちにしています。

最後はポジティブな言い方で終わる。

解説

パワーメールのように、**代案を提示すれば相手の要求を自然に断るかたちになり、相手が気分を悪くするきっかけがなくなります。**

さらにこのパワーメールでは２つも代案を提示しているので、相手の意識はどちらがトクかということに集中して、こちらに対する不満は生じないはずです。代案が１つで、それが受け入れられない場合でも、ある程度の効果が期待できます。

取引先が明らかにムリな要求をしてきても、多くの場合は相手にもそれなりの事情があるはずです。ハッキリ断ってしまえば相手の士気に影響を与えますが、このような対応をすれば相手は気分を悪くすることなく、引き続き頑張ってくれるでしょう。

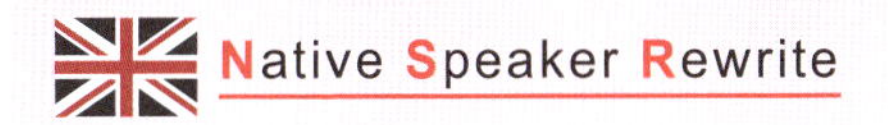

Dear Mr. T

Thank you for your mail. Unfortunately, after careful consideration, we are unable to meet your request.
However, we would like to make you two alternative offers.
Firstly, we can offer you the EX-310 model at your desired price, this is 10% lower than the regular price.
Secondly, we are able to offer you an EX-510 ex-display model at your desired price. The packaging is slightly damaged, **but the condition is as good as new, and it comes with a valid one year guarantee.**
We hope one of our offers is agreeable to you, and we look forward to hearing from you soon.

Sincerely,

ex-display model : 以前展示品だったモデル
valid : (契約などが)有効な

訳

メールをありがとうございます。残念ながら、慎重に検討しました結果、御社のリクエストには応じられません。しかしながら、代わりに2つのオファーをしたいと思います。

まず初めは、EX-310をご要望の価格で提供できます。これは通常価格よりも10%低いものです。2番目は、展示に使用したEX-510をご希望の価格で提供することができます。パッケージは少し傷んでいますが、状態は新品同様です。1年間有効な保証もついています。

こちらからの2つのオファーのどちらかでご同意いただければと思うとともに、早めのご返事を楽しみにお待ちしています。

このメールも前向きな言葉が並び、読み手を不愉快にさせないメールです。

1行目には unfortunately を使ったネガティブな内容の文章がありますが、直後に However を使って期待が持てそうな文がきているので、ネガティブな雰囲気は一掃され、ポジティブさが強調される効果をだしています。

また、2つの代案をFirstly、Secondly とわかりやすく説明して、相手をサポートしようとする姿勢も伝わってきます。相手は断られたことはもう頭にないでしょう。

ダニエル先生より

コラム It's difficult.

日本のコミュニケーションは、「調和」を優先する傾向があります。つまり、人と良い関係を持ち続けることが優先されます。

一方、欧米のスタイルはより直接的で、コミュニケーションの明確さを優先する傾向があります。

日本で、もし誰かが依頼事を拒否したいときに、"No" という答えは辛辣に聞こえるかもしれません。代わりに "It's difficult." というのをよく耳にします。

誰かが "It's difficult." と言ったとき、日本人なら、これは本当は "No" だ、ということがおそらくわかると思います。しかし、アメリカやイギリスから来た人は、これをたぶん怠惰（やる気がない）と解釈するでしょう。

日本のコミュニケーションでは調和を維持することは重要ですが、しかしハッキリと理解しておきましょう。外国の人々は、日本式の "It's difficult." を違って解釈するかもしれないのです。

鉄則 14

値引き要求交渉

重要度 ★★☆☆ 難易度 ★★☆

値引きの依頼では頭を下げない。状況説明と案の提示。それに多少のテクニック。

値引き要求のポイントは、値引きが必要な状況を相手にわかりやすく示すことです。競合他社の状況や、○○%引きならば受注できるというように具体的に相手に説明すれば、相手はアクションをとりやすくなります。つまり、値引きした方がいいと相手に思わせる情報を提示できるかどうかが、最大のポイントです。

値引きを依頼するとき、日本人の感覚として、つい頭を下げてしまいがちです。しかし、値引き要求をするときに懇願する態度は禁物。値段が高くてこちらが買えなければ、相手も利益を得る機会を逸するので、本来、立場は対等なのです。**値引き交渉で下手に出ると、相手は強い立場になり、相手のペースで進んでしまいます。逆に、値引きが必要な状況を客観的に説明して案を提示すれば、今度は相手が考え込む番になります。**

そして、however を用いて多少のテクニックも使います。

では、Oさんの値引き依頼のメールを見てみましょう。Oさんは、フランスの美顔器メーカーの日本代理店の担当者です。美顔器を輸入して日本国内で販売しています。今回国内で100台の大きな入札があり、低い値段を出してぜひ獲得したいと考えています。

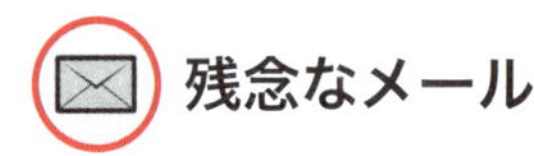

残念なメール

Dear Ms. D

I hope you are doing well.
The AA-4800 has been well received in our market, because the price is reasonable.
There is currently a big request for tender. We will offer 100 units of AA-4800.
Could you give us 13% discount on this order? It would be very helpful for us.
Would you send us your reply by the end of this week?
Thank you very much for your kind support.

Best regards,

AAは性能が良くて安いから、売れるのは当然。
100台とはすごい。AAならばこの入札に勝てるでしょう。
13%の値引きだって！ それはムリ。もともと安く出しているのだから。
せいぜい5%かな。

tender：入札

訳

御社の事業は順調に進んでいることと思います。
AA-4800 は手頃な価格なので、こちらの市場ではとてもよく受け入れられています。このたび大きな入札があります。当社は 100 台の AA-4800 で応札します。
この注文に関して 13%の値引きをいただけませんか？ それは我々にとって大変助けになります。
ご返事を今週末までにお送りいただけますか？
ご親切な援助をとてもありがたく思います。

残念なメール ここが原因！

I hope you are doing well.

御社の事業は順調に進んでいることと思います。

出だしは前向きな言葉になっていて良い。

The AA-4800 has been well received in our market, because the price is reasonable.

AA-4800 は手頃な価格なので、こちらの市場ではとてもよく受け入れられています。

前向きな言葉を続けたつもりだが、値引きを依頼する前にこちらから手頃な値段と言ってしまっては、値引きの依頼がしづらくなる。

There is currently a big request for tender. We will offer 100 units of AA-4800.

このたび大きな入札があります。当社は 100 台の AA-4800 で応札します。

相手もこれをぜひ取りたいはず。

Could you give us 13% discount on this order? It would be very helpful for us.

この注文に関して 13% の値引きをいただけませんか？　それは我々にとって大変助けになります。

いきなり13%という（大きな）値引を要求されて、相手は拒絶反応。13%の根拠がわからない。下手に出て、ただお願いしている感じ。

Would you send us your reply by the end of this week?
ご返事を今週末までにお送りいただけますか？

また頭を下げてお願い。

Thank you very much for your kind support.
ご親切な援助をとてもありがたく思います。

最後にさらにお願いの念押しをしている感じ。相手の心はなかなか動かないだろう。

解説

頭を下げながらお願いを繰り返しているメールです。へりくだればその分、相手の立場は強くなります。**しかも相手は13%の値引きの必然性の説明を受けていないので、市場が見えていません。**したがって、自分たちの会社の事情を優先して考えて「せいぜい値引いても５％かな」という結論になってしまいそうです。

書き直してパワーメールに！

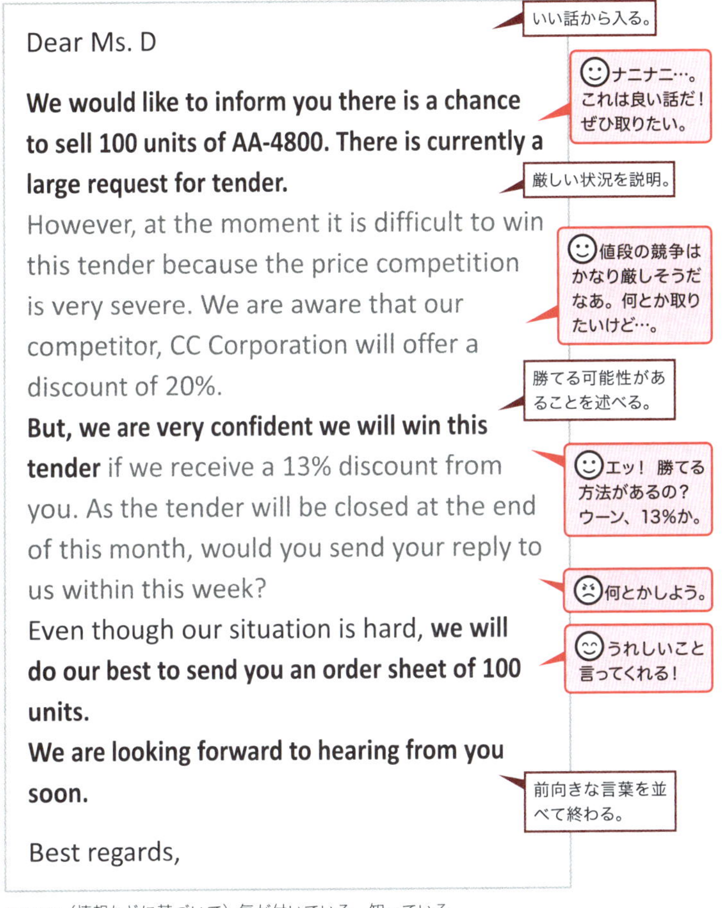

Dear Ms. D

We would like to inform you there is a chance to sell 100 units of AA-4800. There is currently a large request for tender.
However, at the moment it is difficult to win this tender because the price competition is very severe. We are aware that our competitor, CC Corporation will offer a discount of 20%.
But, we are very confident we will win this tender if we receive a 13% discount from you. As the tender will be closed at the end of this month, would you send your reply to us within this week?
Even though our situation is hard, **we will do our best to send you an order sheet of 100 units.**
We are looking forward to hearing from you soon.

Best regards,

aware：（情報などに基づいて）気が付いている、知っている

訳

AA-4800 を 100 台販売できるチャンスがあることをご連絡したいと思います。現在、大きな入札があります。

しかしながら、値段競争が非常に激しいため、現時点ではこの入札に勝つことは厳しい状況です。競合であるCCコーポレーションが20%の値引きをしてくるという情報を得ています。

しかし、もし13%の値引きをいただければ、我々はこの入札に勝てると確信しています。この入札は今月末に締め切られますので、今週中にご返事をいただけますか？

我々の状況は厳しいものがあるとはいえ、100台の注文書をそちらにお送りできるよう、ベストを尽くします。

ご連絡をすぐにいただけることを心待ちにしております。

パワーメールのポイント

We would like to inform you there is a chance to sell 100 units of AA-4800. There is currently a large request for tender.

AA-4800を100台販売できるチャンスがあることをご連絡したいと思います。現在、大きな入札があります。

うれしいニュースを知らせて、最初の2つの文でポジティブな流れを一気に作る。

However, at the moment it is difficult to win this tender because the price competition is very severe. We are aware that our competitor, CC Corporation will offer a discount of 20%.

しかしながら、値段競争が非常に激しいため、現時点ではこの入札に勝つことは厳しい状況です。競合であるCCコーポレーションが20%の値引きをしてくるという情報を得ています。

うれしいことの後にHoweverを使って厳しい状況を知らせると、相手に与える深刻度は大きくなる。この場合、相手もこの入札は是が非でも勝ち取りたいはずなので、協力をしたいという気持ちが強くなる。

But, we are very confident we will win this tender if we receive a 13% discount from you.
しかし、もし13%の値引きをいただければ、我々はこの入札に勝てると確信しています。

困ったことを言った後に、"But," を書くと、次のことに対して相手は期待し、受け入れようという気持ちになりやすい。ここで13%値引きの依頼をポジティブな言葉とともに書く。

As the tender will be closed at the end of this month, would you send your reply to us within this week?
Even though our situation is hard, **we will do our best to send you an order sheet of 100 units.**
この入札は今月末に締め切られますので、今週中にご返事をいただけますか？
我々の状況は厳しいものがあるとはいえ、100台の注文書をそちらにお送りできるよう、ベストを尽くします。

依頼の後に、あなたに100台の注文書を送れるようにがんばると言えば、相手の喜びは増す。

We are looking forward to hearing from you soon.
ご連絡をすぐにいただけることを心待ちにしております。

ポジティブな言葉で終わる。

解説

パワーメールのポイントは、値下げの「お願い」の言葉は書いていないことです。状況を説明してから値引き額の提案をし、相手がそうしようと思うように導いています。さらに however と but を効果的に使って、厳しい状況を示しながらも相手のやる気を引き出しています。

Dear Ms. D

We are writing to inform you that we have received a large request for a tender of 100 units of AA-4800. However, we are aware that our competitors, CC Corporation, will offer a discount of 20%.
Nonetheless, we are confident we can win this tender if we receive a 13% discount from you. The bids have to be submitted by the end of the month, so we would be grateful if you could give us your response by the end of this week.
The bidding process is highly competitive, **but we will do our utmost to win, and we hope to be able to send you an order for 100 units in the near future.**
Thank you for your support, we look forward to hearing from you soon.

Sincerely,

bidding：入札

訳

AA-4800の100台という大きな入札があることをご連絡したく、メールいたします。しかしながら、競合のCC社が20%の値引きをする情報を得ています。

それでも、もし13%の値引きをいただければ、我々はこの入札に勝てることを確信しております。今月末までに入札しなければなりませんので、今週末までにご返事をいただければ幸いです。

入札するにあたって大変競争が激しくなっています。しかし当社は勝つために最善を尽くし、そして近々御社に100台の注文書をお送りできるようにしたいと思っております。

ご支援を感謝するとともに、ご連絡を早急にいただけることを心待ちにしております。

話の展開の仕方は前のパワーメールと同じですが、より簡潔にまとめてあります。However、butだけではなくNonethelessも使って、段落ごとのメリハリをさらに強くつけています。

なお、however、butの使い方は鉄則19で詳しく説明しますので、その際にこのユニットの2つのリライトされたメールも見返してください。

依頼・交渉

重要度★★☆
難易度★★☆

意見が対立しているときは、小さくても合意点を見つけてそこから入る。

交渉を始めるときは、相手と最初に対立しないことです。始めに相手と同じ方向を向けるのか、それとも反発するのかで、その後の展開に大きな差が出ます。山のてっぺんに降る雨のように、チョットの場所の違いでまったく逆の方向へ流れていってしまうのです。

まして、意見が対立している場合は、そのままではお互いが反対方向に進んでしまうので、最初に意識的に同じ方向に向かせることが重要です。そのための方法が、**合意できる話から始めることです。** ささいなことでもかまいません。話題の大きさや重要性は問題ではなく、合意したという事実が大事。それによって良い雰囲気が生まれます。

そして相手の心が少し開いた後に、こちらの言いたいことを徐々に書いていくやり方が、この鉄則15です。

次のメールは、ある日本のメーカーと米国の代理店との思惑が対立しているケースです。このメーカーは、代理店に米国専用の製品を輸出していますが、代理店から月別の購入予想数量を出してもらったところ、月ごとの変化が極端でした。

代理店側としては、在庫を極力持たずに、需要の変化に応じた数量を毎月仕入れたいのです。一方メーカーとしては、毎月ほぼ一定量しか作れず、変動の激しい希望数量には対応しきれません。高額な商品なので作りだめも難しい状況です。なんとか毎月の購入数量を平準化してもらいたいと思い、次のメールを担当者は書きました。

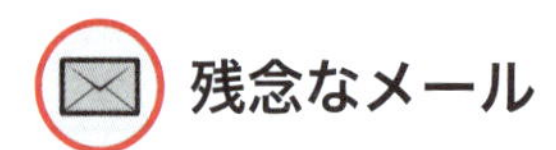

残念なメール

Dear Mr. U

Thank you for sending us the purchase forecast from April to September.

> ☺購入予想を送って相手も喜んでいるようだ。数も増やしたし。

I see from your forecast that the number of units you will purchase between April and July will be only 3,000 units per month, but in August and September 7,000 will be purchased each month. Such a big difference significantly effects the operation of our factory. The average number of units from April to September will be 4,333 units per month based on your forecast.

> エッ、thank you じゃなかったの！ 注文の仕方が良くないって？ イライラ。

We would like to manufacture the same number each month and it would be much appreciated if you could consider to purchase more evenly.

> 毎月同じ数を注文してくれだって？ 協力などできるわけないでしょ。

Thank you for your cooperation.

Best regards,

purchase forecast：購入予想
evenly：均等に

訳

４月から９月の購入予想のご送付を、ありがとうございます。

そちらからのフォーキャストで４月～７月の購入数量は月 3,000 ユニットだけですが、８月９月は各月 7,000 ユニット購入されることがわかりました。このような大きな違いは工場の操業にかなりの影響を与えてしまいます。そちらからの購入予想を基にすると、４月〜９月の平均は月 4,333 ユニットです。当社は各月同じ量を生産させていただきたいと思いますので、より均等に購入をご検討いただければ大変幸いです。

ご協力に感謝いたします。

残念なメール ここが原因！

Thank you for sending us the purchase forecast from April to September.

４月から９月の購入予想のご送付を、ありがとうございます。

Thank you から入るのはポジティブで良い。

I see from your forecast that the number of units you will purchase between April and July will be only 3,000 units per month, but in August and September 7,000 will be purchased each month.

そちらからのフォーキャストで４月〜７月の購入数量は月 3,000 ユニットだけですが、８月９月は各月 7,000 ユニット購入されることがわかりました。

不満を述べている感じ。相手は意外に思うかも。

Such a big difference significantly effects the operation of our factory.

このような大きな違いは工場の操業にかなりの影響を与えてしまいます。

相手は文句を言われて、かなり不愉快に。

The average number of units from April to September will be 4,333 units per month based on your forecast. We would like to manufacture the same number each month and it would be much appreciated if you could consider to purchase more evenly.

そちらからの購入予想を基にすると、４月～９月の平均は月 4,333 ユニットです。当社は各月同じ量を生産させていただきたいと思いますので、より均等に購入をご検討いただければ大変幸いです。

不愉快になっている相手にこちらの要求だけを一方的に書いた文章。また、要求を具体的な数値で示していないので、相手も対応しづらい。良い返事はもらえそうにない。

Thank you for your cooperation.

ご協力に感謝いたします。

反感を買いそうなThank you。

解説

2番目の文からは相手を非難しているようなメールです。このようなムードになると相手の心を動かすことは難しくなります。

また、営業的な面から見ると気になる点が２つあります。１つは、自分たちの都合だけを相手に押し付けようとしているように見える点。もう少し妥協をしないと話は暗礁に乗り上げそうです。

２つ目は、注文の一時的な急増は工場にとっては困りますが、売上が上がるので本来ありがたいことだという点です。製造部門と粘り強く折衝して少しでも多く作ってもらい、両社の売上が上がるようにまずは全力で努力すべきでしょう。このような日ごろの努力が、代理店から信用を得ることにつながります。

書き直してパワーメールに！

Dear Mr. U

Thank you for your purchase forecast.
We are happy to learn your sales are expected to increase again in August and September.

> 相手もうなずく話題から入る。

> ☺これからも良くなると思うよ。

On the other hand our production capacity is limited. Following your reduced order in the past year, our production capacity has been reduced. For this reason it is difficult to make significant increases to our production output.

> On the other handでいい流れを切らずに不都合なことを言う。

> ☹生産が対応しきれないのか。でも何とかしてよ。

However, we would like to do our best, and propose the following shipping schedule.

> ネガティブなことを言った後はHoweverを使って、次の提案を引き立たせる。

April – July　4,000 per month
August, September　5,000 per month
Total quantity from April to September is unchanged.
Is this proposal acceptable for you?

> ☺この提案ならのめないことはないかナ。

If you have any questions, please feel free to contact us.
We are looking forward to hearing from you.

> 最後は前向きな言葉を続けて良い雰囲気に。

> ☺とくに質問はないヨ。

Best regards,

significant：（数量が）かなりの
please feel free to ~：お気軽に～をしてください

訳

購入予想をお送りいただき、ありがとうございます。

８月・９月で再び販売増加が期待できることを知り、うれしく思っております。

一方、当社の生産能力は限られています。この１年間御社の注文の減少に従って、当社の生産能力は下げられました。この理由により当社の生産量を著しく増加させることは困難です。

しかしながら、当社はベストを尽くしたく、下記のような出荷スケジュールをご提案いたします。

４月～７月　　毎月 4,000 ユニット
８月・９月　　毎月 5,000 ユニット

４月から９月までの合計数量に変更はありません。

この提案はご承諾いただけますか？

どのような質問でもございましたら、お気軽にご連絡ください。

ご返事を心待ちにしております。

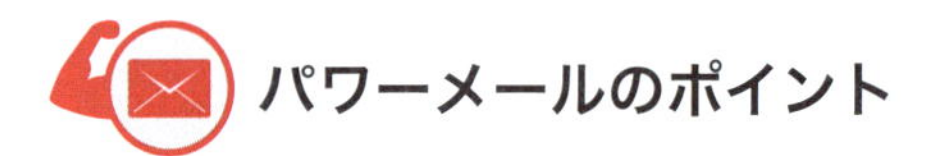

Thank you for your purchase forecast.

購入予想をお送りいただき、ありがとうございます。

最初の文はポジティブに。

We are happy to learn your sales are expected to increase again in August and September.

８月・９月で再び販売増加が期待できることを知り、うれしく思っております。

８月・９月の注文急増で工場が対応できないという問題点ではなく、逆に売上増という両社にとって喜ばしい面を取り上げる。ここ

がポイント。ここまでの2つの文章で良い雰囲気が出来上がる。

On the other hand our production capacity is limited.

一方、当社の生産能力は限られています。

But や However ではなく On the other hand を使う。すると今までのポジティブな文を否定しないので、良い雰囲気を継続しながら、次の言いづらいことが書きやすくなる。

Following your reduced order in the past year, our production capacity has been reduced. For this reason it is difficult to make significant increases to our production output.

この１年間御社の注文の減少に従って、当社の生産能力は下げられました。この理由により当社の生産量を著しく増加させることは困難です。

相手の都合で増産が難しくなっている事実を述べる。増産が難しいと書くときに、we を主語にしない。「私たち」がイヤがっているという印象を持たれることを避けるため。

However, we would like to do our best, and propose the following shipping schedule.

しかしながら、当社はベストを尽くしたく、下記のような出荷スケジュールをご提案いたします。

いやなことを言われた直後に However がくると、相手は次に来ることに期待してそれを受け入れやすくなる。これで準備は完了。

April – July　　4,000 per month
August, September　5,000 per month
Total quantity from April to September is unchanged.
４月～７月　　毎月 4,000 ユニット
８月・９月　　毎月 5,000 ユニット
４月から９月までの合計数量に変更はありません。

ここで数字を提案。トータル数量は変わらないことも書き添えて、相手に少しでも安心感を与える。

Is this proposal acceptable for you?
この提案はご承諾いただけますか？

ここで、購入予定の変更を依頼。上記の生産数量で押し切りたい場合は、この文は書かない方がいい。

If you have any questions, please feel free to contact us.
どのような質問でもございましたら、お気軽にご連絡ください。

変更を依頼された相手は気分は良くないはずなので、すぐに相手を気づかう言葉でフォロー。

We are looking forward to hearing from you.
ご返事を心待ちにしております。

念のために後味を良くする文章をもう１つ加えておく。

解説

このメールの書き手は、まず、双方にとって前向きになれる話題を探しました。すると、8月・9月の注文急増という今回の問題点が、見方を変えれば売上増という喜ばしいことになると気づきます。そこで、製造面での問題はさておき、この喜ばしい点から書き始め、双方のビジネスは上手く行っているという良い雰囲気を作りました。

その後で、代案を書いたので、相手を、検討してみようという気持ちにさせやすくしています。

対立点について話し合うときは、まず双方がポジティブに同意できる点を探してそこから入ることがポイントです。

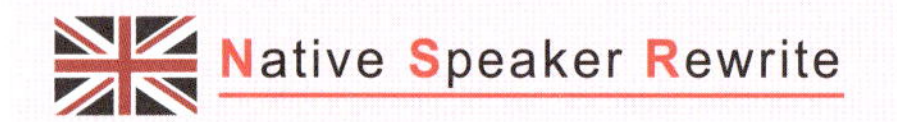

Dear Mr. U

Thank you for your purchase forecast. We are happy to learn your sales are increasing again in August and September. Following your recent reduced order, our production capacity has been reduced. For this reason, a significant increase in the order volume presents a challenge to our production team. Would it be possible to arrange your orders so that the monthly volume is more even? We would like to propose the following;

April to July 4,000 per month
August and September 5,000 per month

The total number of units ordered is the same, but the difference in order volume from April to September is smaller.
We hope this proposal is acceptable, and we look forward to hearing from you in due course.

Sincerely,

in due course：適当なときに

訳

購入予想をありがとうございました。
８月と９月に再び売上が増加していることを知りうれしく思います。このところの御社の注文減少に沿って当社の生産能力をおとしています。この理由により、注文数量のかなりの増加は生産部門にとって難

> 題となります。月ごとの数量がより一定になるように、御社の注文をアレンジしていただくことは可能でしょうか？　下記をご提案させていただきたいと思います。
>
> 　　4月から7月　　毎月4,000
>
> 　　8月と9月　　毎月5,000
>
> 　トータルのユニット数は同じですが、4月から9月までの注文ユニット数の差が小さくなっています。
>
> 　この提案がご承諾をいただけるものであることを願っており、ご都合の良いときにご返事をいただけることを心待ちにしております。

　ダニエル先生のメールも、最初に両社にとって喜ばしい8月・9月の売上増加の話から入っています。話の展開は前述のパワーメールとほぼ同じですが、違う点は同メールにある「そちらのリクエストで生産力を落とした後に生産力を一時的に上げることは難しい」という相手を責めるようなことは書かれておらず、一貫して紳士的にとても丁寧な口調で書かれています。これは一概にどちらが良いかということではなく、お互いの関係やそのときの状況によって変わってきます。

重要度 ★★☆
難易度 ★★☆

鉄則 16

依頼・説得

指図はするな。相手の自由意思で決めさせる。

ビジネスの相手から依頼されたり指示を受けたりすると、人は快くは感じません。しかし、自分の意思で決めたことであれば、たとえイヤなことでも自分で納得しようとします。

相手に右に動いてもらいたい場合は、右に行くように指図やお願いをするのではなく、**右に行かざるを得ない状況を示し、あとは相手の意思で決めてもらうと、話はスムーズに運びます。**

次のメールはカリフォルニアからキウイフルーツを輸入する際の出荷に関するメールで、日本の専門商社のNさんが書いたものです。

Nさんの商社は年６回、カリフォルニアの会社から輸入していて、値段は出荷ごとに決めています。今回3回目の出荷ですが、日本ではキウイフルーツが供給過剰になっていて、値崩れがおきはじめているため、値段を下げてもらう必要があります。さもなければ、出荷を遅らせるしか方法はありません。

一方、相手の会社は、キウイフルーツはあまり日持ちがしないため、すぐに出荷したいという状況です。そのため、先方は特別価格を提示してきましたが、商社側としてはまだ満足できないレベルです。

Nさんはさらに値下げをお願いするために、次の返事を出しました。

残念なメール

Dear Mr. S

Many thanks for your special offer.

At the moment, in order to sell our current stock of kiwis, we have to offer them to our customers at only US$12/kg. We are not sure how the market will change in the future.

Under such circumstances, can we ask you to consider the following price to ship the third shipment of this year?

CIF Price : US$11.00 per kg

Kindly let us know your thoughts.

Warm regards,

あの値段OKかな。

日本の市況は思ったより厳しそうだ。

厳しい値段を言ってきた。

ウーン、OKというよりしかたないか。

kiwi：ここではキウイフルーツの意味。正式には kiwi fruit。kiwi はニュージーランド産の飛べない鳥のこと
CIF：cost, insurance & freight の略。コスト（商品の価格）に保険料、運賃を加えた値段

訳

特別価格のご提供をありがとうございます。

現時点で、キウイの在庫品を売るためには、当社はたったキロ 12 米ドルで顧客にオファーしなければなりません。市場が今後どう変わっていくか、確かなことはわかりません。

このような状況下で、今年３回目の出荷をするために、下記の値段を考えていただくことをお願いできますでしょうか？

CIF 価格：キロ当たり US$11.00

御社のお考えをお聞かせください。

 残念なメール ここが原因！

Many thanks for your special offer.

特別価格のご提供をありがとうございます。

明るい言葉でスタートしていて良い。

At the moment, in order to sell our current stock of kiwis, we have to offer them to our customers at only US$12 / kg. We are not sure how the market will change in the future.

現時点で、キウイの在庫品を売るためには、当社はたったキロ12米ドルで顧客にオファーしなければなりません。市場が今後どう変わっていくか、確かなことはわかりません。

このようにこちらの状況説明を最初にすることは必要。

Under such circumstances, can we ask you to consider the following price to ship the third shipment of this year?
CIF Price : US$11.00 per kg

このような状況下で、今年３回目の出荷をするために、下記の値段を考えていただくことをお願いできますでしょうか？
CIF 価格：キロ当たり US$11.00

こちらの難しい状況を説明した後に依頼をするのは、タイミングとしては良い。

Kindly let us know your thoughts.

御社のお考えをお聞かせください。

最後は念押しの言葉で終わり、形は整っている。

解説

このメールは比較的うまく書かれているので、タイトルになっている「残念なメール」とは言えないかもしれません。

上記の依頼メールを送った結果、先方からはNさんの提示した値段を受け入れるという返事が返ってきました。先方とは日頃より良好な関係が築かれていることもあり、うまくいったのでしょう。

次のパワーメールは、相手とはさほど信頼関係がないという前提で書いたものです。

書き直してパワーメールに！

Dear Mr. S

Thank you for your special offer.
There is currently an oversupply of kiwi in Japan. If we sell our stock of kiwis, we have to offer to our customers around US$12 per kg. We are not sure how the market condition will change but the current oversupply makes it difficult to buy from you now.
Considering the above situation, I would like to ask you about the following two possibilities concerning the third shipment of this year.
Can we postpone this shipment to the end of next month? Or, can you ship now at the following price?
CIF Price : US$11.00 per kg
Would you let us know your preference?
We are looking forward to hearing from you.

Best regards,

訳

特別価格のご提供をありがとうございます。
今日現在、日本ではキウイが供給過剰になっています。我々がキウイの在庫品を販売しようとすれば、キロあたり 12 米ドルくらいの値段を顧客に提示しなければなりません。市場の状況が今後どのように変わるかは確かではありませんが、現在の供給過多が、我々が今、御社から購入することを難しくさせています。

上記の状況を考慮の上、今年の 3 回目の出荷について御社に次の 2 つの可能性をお尋ねしたいと思います。

この出荷を来月末に延期することはできますか？　または、御社は下記の価格で今出荷することはできますか？

＊ CIF 価格：キロ当たり US$11.00

よろしい方をご連絡いただけますか？

ご返事を心待ちにしています。

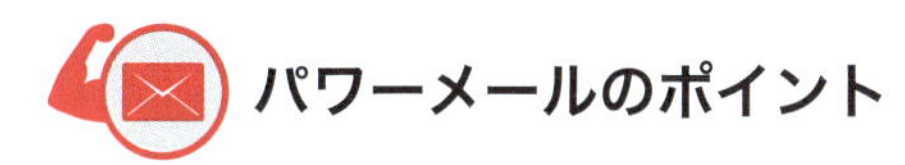

パワーメールのポイント

Thank you for your special offer.

特別価格のご提供をありがとうございます。

最初は感謝の言葉。

There is currently an oversupply of kiwi in Japan. If we sell our stock of kiwis, we have to offer to our customers around US$12 per kg.

今日現在、日本ではキウイが供給過剰になっています。我々がキウイの在庫品を販売しようとすれば、キロあたり 12 米ドルくらいの値段を顧客に提示しなければなりません。

日本でのキウイの厳しい市場環境を説明。

We are not sure how the market condition will change but the current oversupply makes it difficult to buy from you now.

市場の状況が今後どのように変わるかは確かではありませんが、現在の供給過多が、我々が今、御社から購入することを難しくさせています。

あまり日持ちしないキウイを買うことが難しいと言えば相手は困る。これを振りかざすのはフェアではないが、事実を伝えることは必要。

Considering the above situation, I would like to ask you about the following two possibilities concerning the third shipment of this year.

上記の状況を考慮の上、今年の３回目の出荷について御社に次の２つの可能性をお尋ねしたいと思います。

状況を明らかにした上で、困っている相手に２つの対応策を提案。

Can we postpone this shipment to the end of next month? Or, can you ship now at the following price?
CIF Price : US$11.00 per kg

この出荷を来月末に延期することはできますか？　または、御社は下記の価格で今出荷することはできますか？
＊CIF価格：キロ当たりUS$11.00

こちらとしては出荷延期でもかまわないが、US$11の値引きでいきたい。相手は、出荷延期は避けたがるだろう。

Would you let us know your preference?

よろしい方をご連絡いただけますか？

このように書けば、相手は自分の意思でおそらく値引きを選ぶはず。

We are looking forward to hearing from you.

ご返事を心待ちにしています。

最後はあなたのご意思を聞かせてくださいという言葉で終わる。

解説

このメールは、相手に頭を下げてお願いすることはせずに、状況をよく説明した上で２つの対応策を示し、良い方を選んでもらうという書き方です。

２つの選択肢は、両方ともこちらの痛手にならないものにすることがポイント。 相手は自分の意思で決めるので自分で納得しようとします。

Native Speaker Rewrite

Dear Mr. S

We are writing to inform you about current market conditions in Japan and, ask that we make a change to our ordering arrangement.
Currently there seems to be an oversupply of kiwi fruit, and therefore we are only able to sell our stock at US$12 / kg. We cannot be sure how this situation will change in the future, but for now it is difficult to continue with our current level. For this reason we would like to ask that we make one of two changes;
1) postpone the shipment until the end of next month or
2) continue with this shipment at US$11/kg
Please let us know which option would be preferable for you.
We look forward to hearing from you.

Sincerely,

訳

日本の最新の市場状況のご連絡と注文の手はずの変更をお願いしたくメールを書いております。

このところキウイフルーツの供給過剰が起こっているように見えます。それゆえ在庫を売るためには、キロ12米ドルでしか売ることができません。今後、この状況がどのように変わるのか、はっきりしたことはわかりませんが、我々は現在のレベルを保ち続けていくことは難しい状況です。この理由により、２つの変更のうち１つを行うことをお願いしたいと思います。

1）出荷を来月末まで延期する。

または

2）キロ 11 米ドルでこの出荷を続行する。

御社にとってどちらがよろしいかお知らせください。

ご連絡を心待ちにしております。

最初の１行でこのメールの趣旨を述べています。そしてこちらからの２つの提案は箇条書きにしてよりわかりやすくしています。お願いをする形にはなっていますが、丁寧な言い方でイヤとは言えない雰囲気になっています。ビジネスの効率を重視した無駄のないメールです。

重要度 ★★☆☆
難易度 ★★★☆

説得

誰でもわかる原則を述べ、こちらの言い分を正当化する。

まず、誰でも納得しそうな原則で、しかも自分たちに好都合なものを見つけます。**その原則を相手に示して、相手が当然だと思った後に自分が言いたいことをそれに沿って説明するという方法です。**

相手が既に納得している話に沿って話すので、相手はこちらの話を受け入れやすくなります。

Ａさんは、玩具・ゲームを輸出している会社の海外担当者です。インドの販売代理店から、今回初めてインドの大きな展示会に大々的に出展したいので、出展費用の半分を負担してもらいたいという依頼が来ました。契約書にもあるのでこちらでは負担しないと返事をしたのですが、今回は代理店にとって初めての試みであり、リスクがともなう、しかもＡさんの会社の製品を中心に展示するので費用を分担するのは当然だろうとの返事です。

出展は、こちらに相談もなく代理店自身が決めたことなので、こちらは費用負担をしないというＡさんの気持ちは変わりません。Ａさんは今までの経験から、代理店はおそらくダメもとで頼んできていると感じています。したがって、キッパリ断るべきだと思い、次のようなメールを書きました。

しかしこのメールは相手の不満をつのらせるものとなりそうです。

残念なメール

Dear Mr. W

As I wrote in my last mail, the expense for the domestic exhibition should be borne by your company, because such an expense is for your sales promotion.
Also, you decided to participate by yourselves without giving us any notice. As our budget for this year was decided five month ago, we have no budget for your exhibition.
We are sorry that we can do nothing for you in this matter.

Best regards,

いきなり断ってきたか。

先に言えば費用を出してくれるのネ。

なんて冷たい会社なんだ！ こっちが頑張っているのに。

borne：bear「負担する」の過去分詞
participate：参加する

訳

前回のメールで書きましたように、国内の展示費用は御社でもつべきものです。なぜならそのような費用はそちらの販売促進のためだからです。

さらに、参加することは我々には何の連絡もなくあなた方自身で決めたことです。今年の当社の予算は５ヵ月前に決められているので、御社の展示の予算を我々はとっておりません。

本件について、我々は御社のためになにもしてさし上げられず申し訳ありません。

残念なメール ここが原因！

As I wrote in my last mail, the expense for the domestic exhibition should be borne by your company, because such an expense is for your sales promotion.

前回のメールで書きましたように、国内の展示費用は御社でもつべきものです。なぜならそのような費用はそちらの販売促進のためだからです。

最初から頭ごなしにダメと言ったので、相手は不愉快に。

Also, you decided to participate by yourselves without giving us any notice.

さらに、参加することは我々には何の連絡もなくあなた方自身で決めたことです。

「我々に相談もない」という言い方は相手に傲慢ととられる。また、このように書いてしまうと相手から「次回は事前に相談するから費用を負担してね」と言われかねない。

As our budget for this year was decided five months ago, we have no budget for your exhibition.

今年の当社の予算は５ヵ月前に決められているので、御社の展示の予算を我々はとっておりません。

この文もまた、「では次回は、予算が決定する前に連絡すれば費用を負担してくれるだろうネ」と言質をとられてしまうことに。

We are sorry that we can do nothing for you in this matter.

本件について、我々は御社のためになにもしてさし上げられず申し訳ありません。

謝ってしまうと相手に対して悪いことをして、それを認めたことになる。相手の希望には添えないが、別に悪いことをしたわけではない。

解説

外国人にははっきり言った方がいいと思い込んで、このように高圧的なメールを書く人をたまに見かけます。そのような態度で接すると、信頼関係を築くことは難しいでしょう。

また、**このメールは高圧的でありながら最後に不用意に謝っているので一貫性がなく、フラフラしている感じに見えます。**

このメールのすべての文章が、ネガティブを表すグレー色になっています。ダメな理由をいくつも並べて、相手の気持ちも考えずに断っていますが、これは少し幼稚な断り方です。これで相手を納得させることは難しいでしょう。

また、Aさんの断り方は少しマズイ部分があります。来年度、もし相手がこちらの予算を組む前に同じ要求をしてきたら、ここで書いた断りの理由は成り立たなくなるので、断りにくくなります。

目先の理由を並べるのではなく、次のメールのように基本的な原理原則をしっかり述べると、細かいことはいちいち議論をする必要がなくなるものです。

書き直してパワーメールに！

Dear Mr. W

> 明るい言葉をしっかり書く。

Thank you for your e-mail.

> そう。こっちは頑張ってるよ。

We are pleased to hear about your proactive approach to sales promotion.

> 誰でも納得する「原則」を述べる。

Regarding our mutual roles, as you know a manufacturer has a responsibility for design, manufacturing, supplying and international sales & marketing.

While a distributor is responsible for a sales & marketing in its own market.

> まァ、確かにその通り。

For instance, when an international exhibition is held in your market, we take a responsibility for this exhibition including its expenses, because a lot of people come from other countries. It is not fair you should have to look after people who are not your customers.

> 今回のケースで、代理店のメリットを書く。

> 当然そうだ。わかってくれてるね。

On the other hand, in case of a domestic exhibition the distributor assumes all responsibilities including the cost, because the exhibition is only for your market.

> 代理店の義務も書く。

> まァ、確かに。

Considering the above we are not in a position to share the costs of any domestic exhibitions.

> ここでムリだという結論を書く。

> ウーン、ダメか。でも何かしてくれてもいいでしょ。

If you need our promotional items for example promotion films, giveaways, catalogs for a new product, please feel free to contact us.
We are pleased to support you.

Best regards,

相手をガッカリさせた後は、すぐフォローアップ。

☺もらえるものはもらっておこう。

proactive：先を読んで行動する（形容詞）
assume：（責任などを）引き受ける
feel free to ~：遠慮なく～する

訳

メールをありがとうございます。貴社の販売促進の積極的な取り組みをお聞きしてうれしく思います。

お互いの役割に関しては、ご存じのように、メーカーは設計、製造、供給と国際的な販売マーケティングに責任があります。一方代理店は自分のマーケット内での販売とマーケティングに責任を持ちます。たとえばあなたの国で国際展示会が行われるときは、多くの人が他の国から来ますので、我々が展示に関して費用を含めて責任を持ちます。御社の客ではないそれらの人々を御社が面倒を見ることはフェアではないからです。

一方、国内の展示会の場合は、その代理店が費用を含めたすべての責任を持ちます。なぜならその展示会は、あなたの市場だけのために行われるものだからです。

以上のことを考慮しますと、そちらのどんな国内展示会の費用も我々が分担する立場にはありません。

もしそちらで、販促アイテム、たとえばセールスプロモーションフィルムや景品、新製品カタログが必要であれば遠慮せずにご連絡ください。喜んで支援させていただきます。

パワーメールのポイント

Thank you for your e-mail.
メールをありがとうございます。

まずは前向きな言葉で入る。

We are pleased to hear about your proactive approach to sales promotion

貴社の販売促進の積極的な取り組みをお聞きしてうれしく思います。

今回はチョット難しい説得なので、最初にポジティブな雰囲気を高めておいた方がこの後書きやすくなる。そのためにここでもう1つポジティブな文を入れておく。

Regarding our mutual roles, as you know a manufacturer has a responsibility for design, manufacturing, supplying and international sales & marketing. While a distributor is responsible for a sales & marketing in its own market.

お互いの役割に関しては、ご存じのように、メーカーは設計、製造、供給と国際的な販売マーケティングに責任があります。一方代理店は自分のマーケット内での販売とマーケティングに責任を持ちます。

ここから本題に入る。まずは、本件に関係があり誰もが納得する大原則を述べる。相手も当然納得するはず。

For instance, when an international exhibition is held in your market, we take a responsibility for this exhibition including its expenses, because a lot of people come from other countries. It is not fair you should have to look after people who are not your customers.

たとえばあなたの国で国際展示会が行われるときは、多くの人が他の国から来ますので、我々が展示に関して費用を含めて責任を持ちます。御社の客ではないそれらの人々を御社が面倒を見ることはフェアではないからです。

次にその原則を販促のケースに当てはめる。最初に代理店にとって有利な部分を説明すれば、相手はこの説明に大きくうなずく。

On the other hand, in case of a domestic exhibition the distributor assumes all responsibilities including the cost, because the exhibition is only for your market.

一方、国内の展示会の場合は、その代理店が費用を含めたすべての責任を持ちます。なぜならその展示会は、あなたの市場だけのために行われるものだからです。

そして核心に近づく。代理店の負担になる部分を説明。筋が通っているので、相手も一応は納得。

Considering the above we are not in a position to share the costs of any domestic exhibitions.

以上のことを考慮しますと、そちらのどんな国内展示会の費用も我々が分担する立場にはありません。

事前に十分準備を施した後で、この文章でキメル。

If you need our promotional items for example promotion films, giveaways, catalogs for a new product, please feel free to contact us.

もしそちらで、販促アイテム、たとえばセールスプロモーションフィルムや景品、新製品カタログが必要であれば遠慮せずにご連絡ください。

相手は理屈ではわかっても、大きな不満があるはず。相手が少しトクする話でフォローアップ。

We are pleased to support you.

喜んで支援させていただきます。

さらにもう１つポジティブな文章を書いて、フォローアップを万全にして終わる。

解説

このパワーメールの話の進め方を再確認しておきましょう。**まずお互いの役割をハッキリ確認しています。**これが今回のテーマである「原則」に相当するものです。契約書にも書かれているような事柄なので、相手も当然、この「原則」に納得するでしょう。この原則が見つかれば、あとは比較的簡単です。

次に、本題に近づき、販促費の負担の話に入ります。まず相手にとって有利になる（こちらの負担になる）国際展示会の費用負担の話をしています。相手は自分にとって都合がいいのでこの話にうなずき、この「原則」は正しいと思う気持ちが強くなるでしょう。これで準備 OK。次に、国内展示会の費用負担の話を「原則」に沿って述べれば、自然な流れで展示会費用は相手負担ということになります。

ポイントは適切な原則を見つけることです。**目の前のことより、ビジネスの全体をよく見わたすと見つけやすくなります。**

メールだけではなくビジネス交渉でも使えるノウハウです。

＊メーカーと代理店の責任は実際にはこのメールで述べたこと以外にもありますが、ここでは便宜上それだけにしてあります。

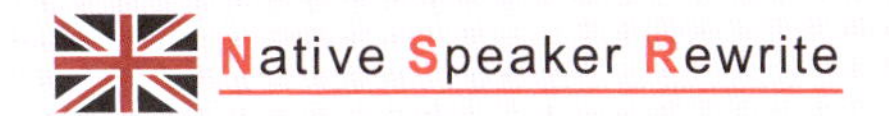

Dear Mr. W

We are delighted to hear about your positive approach to marketing, and we are pleased to work with such a proactive distribution partner.
The understanding we have of our partnership is that it is our obligation to supply quality products, on time, in sufficient quantities, at a competitive price. On the other hand, the distributor takes responsibility for sales and marketing in their market. If we take on the additional cost of marketing, we may have to increase the cost of our products to our distributor. For this reason, we are unable to provide funds for your sales promotion at this time.
If we can assist by providing you with additional promotional items, such as posters, catalogs and giveaways, we would be happy to do so.
We hope you understand our position, and **we wish your great success with your sales promotion.**

Sincerely,

訳

御社がマーケティングに積極的に取り組んでいることをお聞きし、喜ばしく思っております。そして、このように先を読んで行動される代理店とともに働くことをうれしく思います。

> 両社の協力についての私たちの理解は、当社がやるべきことは、高品質な製品を期限通りに十分な数量を他に負けない価格で提供すること。一方、代理店のやるべきことは、自分たちの市場での販売とマーケティングです。もし当社がそのマーケティングの費用も引き受けるならば、当社は製品の値上げをせざるを得なくなるかもしれません。この理由により、当社は御社の販売促進のために資金をご提供することは今回できません。
>
> もし当社がポスター、カタログや景品のような販促物をさらに提供することによってご支援できるならば、喜んでそうさせていただきます。
>
> 御社がこちらの立場をご理解くださることを願っております。そして御社の販売促進が大きな成功を収めますことを望んでおります。

お互いの責任分担は、普段はそれほど意識していないかもしれませんが、リライトされたメールではそれを明確にして、そのルール（原則）に基づいて説得しているので説得力があります。

説得の仕方は、我々が相手の国内販促費用を持つならば、製品の価格を上げざるを得ないという論法が使われています。こちらの利益には手を触れさせないやり方で、これも交渉方法の１つです。

細かい点ですが、後半の断る場面で unable という言葉を使っています（12行目)。断るときにこのように not という言葉を使わないと多少ソフトな印象を与えることができます。

謝罪・催促

重要度 ★★☆
難易度 ★★☆

鉄則 18 「受動態」の2つの便利な使い方。

英語と日本語の大きな違いの1つは、英語はほとんどの場合で主語を明記することです。つまり、誰がやるのかがハッキリするのです。

しかしビジネスメールでは、「誰が」を露わにしない方が都合がいい場合があります。受動態を使えば、実際の主語「誰が」を書かなくてすむので、次の2つの場面では助かります。

❶自分の失敗など、不都合なことを相手に言うとき。
❷相手に失礼にならないように、えん曲に要求や指示をしたいとき。

上記の❶では、たとえば「このような理由で私たちはミスをしました」と言えば、こちらが苦しい雰囲気や責任を、一手に背負う格好になります。ところが、「このミスはこの理由でひき起こされました」と書けば、「私たち」と直接つながらないので、こちらが感じるプレッシャーは減り、少しラクに書けるようになります。

❷のケースでは、たとえば大事な客に返事を催促するとき、「私たちはあなたの早急なご返事をお待ちしています」と書くよりも、「早急なご返事が求められています」と書けば穏やかになり、相手の不快感は少なくなります。

次のメールは、介護ビジネスで、担当者が海外のパートナー候補に出したメールです。約束した計画書の提出が遅れることの連絡と、情報の催促をするためのものです。

残念なメール

Dear Mr. Y

When we had a meeting last month, I promised to send you our plan for the joint project of elderly care by April 15th. However, we need more time, because it is taking time to reach approval within the company. I will send it by the end of April. We are very sorry for our delay.

By the way you promised at the meeting you would soon send information of AA Corporation that wanted to join our project. We are waiting for it. Please let us know the latest situation.

Best regards,

まずまずのミーティングでしたね。

ずいぶん遅れるね。こっちは急いでいるわけではないけれど。

遅れる連絡のあとは催促か。あの話ね。多少の進展はあるので心配ないと思いますよ。

訳

先月ミーティングを行ったときに、私は老人介護の共同プロジェクトのプランを4月15日にまでにお送りすると約束ました。しかしながら、社内の承認を得るためにもう少し時間がかかります。4月30日までにはお送りいたします。私たちの遅れを大変申し訳なく思います。

ところで、あなたはミーティングでAA社が我々のプロジェクトに参加したいとの情報をすぐに送ってくださると約束しました。我々はそれを待っています。最新の状況をお知らせください。

 残念なメール ここが原因！

When we had a meeting last month, I promised to send you our plan for the joint project of elderly care by April 15th.

先月ミーティングを行ったときに、私は老人介護の共同プロジェクトのプランを4月15日にまでにお送りすると約束しました。

少しぶっきらぼうな入り方。相手は約束のものを送ってくれるのだろうと期待。

However, we need more time, because it is taking time to reach approval within the company. I will send it by the end of April.

しかしながら、社内の承認を得るためにもう少し時間がかかります。4月30日までにはお送りいたします。

期待させられたところで、「しかし遅れる」とあると、相手は期待させられた分、余計に落胆。

We are very sorry for our delay.

私たちの遅れを大変申し訳なく思います。

our delay と書くと我々が全面的にだらしない印象を与える。the delay の方がいい。

By the way you promised at the meeting you would soon send information of AA Corporation that wanted to join our project.

ところで、あなたはミーティングでAA社が我々のプロジェクトに参加したいとの情報をすぐに送ってくださると約束しました。

相手が既に多少不愉快に感じている状態で、「ところであなたは次のことを約束しましたよね」と言えば、相手はさらに不機嫌に。

We are waiting for it. Please let us know the latest situation.

我々はそれを待っています。最新の状況をお知らせください。

ここでプッシュすれば読み手の不快感はさらに増幅。この状態でメールは終わる。

解説

特に大きな問題はないメールです。ただ、7割の文章がグレーになっていて相手にネガティブな印象を与えるので、快く読んでもらえない可能性があります。

気心が知れた相手であれば、このメールでも問題はないと思いますが、次のパワーメールのようにいくつかの点を修正した方がいい結果につながるでしょう。

書き直してパワーメールに！

Dear Mr. Y

We were very glad to meet you last month.
Our basic plan for the joint project is almost finished. It has taken some time to reach an agreement within the company. The plan will be sent to you by the end of April. We are sorry for this delay.
We were very interested to hear that the AA Corporation wants to participate in our project.
It would be greatly appreciated if we could be updated regarding this matter soon.

Best regards,

出だしは気持ちのいい言葉で。

良いミーティングでしたね。

遅れることを言うときは、受動態にしてweを書かない。

社内のOKがまだなのか。こっちもそんなに急いでいるわけではないけど。

受動態でソフトに催促。

まだ送っていなかったナ。送りますよ。

訳

先月お会いできたことを大変うれしく思います。
共同プロジェクトの当社の基本計画につきましては、ほとんど出来上がりました。社内の合意に至るまでもう少し時間がかかります。その計画書は４月末までには送られます。この遅れを申し訳なく思います。
AA 社が我々のプロジェクトに参加したいという話をお聞きするのはとても興味深いことです。もし本件の情報を早急にアップデートしてもらえれば大変ありがたく思います。

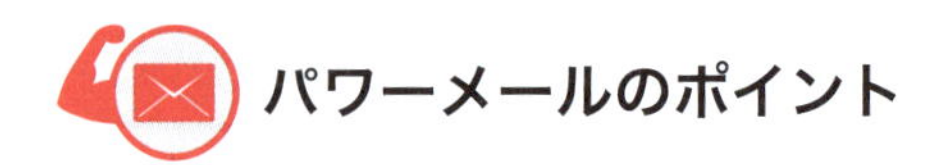

パワーメールのポイント

We are very glad to meet you last month.

先月お会いできたことを大変うれしく思います。

出だしはポジティブに。

Our basic plan for the joint project is almost finished. It has taken some time to reach an agreement within the company.

共同プロジェクトの当社の基本計画につきましては、ほとんど出来上がりました。社内の合意に至るまでもう少し時間がかかります。

遅れると言う前に、まず状況説明。ほとんど出来上がっていることを知らせて、まずは相手に安心してもらう。

The plan will be sent to you by the end of April.

その計画書は４月末までには送られます。

言いづらいことを言うときは、受動態にして、“we”を書かないようにする。ここが今回のポイント。

We are sorry for this delay.

この遅れを申し訳なく思います。

１回だけ謝る。謝る範囲は「この遅れ」に限定する。

We were very interested to hear that the AA Corporation wants to participate in our project.
AA 社が我々のプロジェクトに参加したいという話をお聞きするのはとても興味深いことです。

謝った結果こちらの立場が弱くなりかけたところで、前向きな話題を書いてポジティブなエネルギーを注入。

It would be greatly appreciated if we could be updated regarding this matter soon.
もし本件の情報を早急にアップデートしてもらえれば大変ありがたく思います。

今度は相手に催促する番になるが、受け身を用いて、ソフトに催促。ここも今回のポイント。

解説

このメールの用件は2点。こちらからの送付が遅れることの連絡と、相手から送ってもらう情報の催促です。

相手にとっては2点とも不愉快な内容となります。この状況で相手を不快にさせないで、なおかつこちらの立場も悪くならないようにするために、次の方法を使いました。再確認をしておきましょう。

❶遅れることを述べるときは、受動態を使って「私」が文章の中に出てこないようにした（メールの下線部分上)。この結果、遅れるという事実の方に目が行き、こちらに対する不満は緩和される。

❷後半の催促する場面では、再び受動態を使用（メールの下線部分下)。「you」が使われていないので、「あなたにやってもらう」というニュアンスが抑えられ、ソフトな表現になっている。

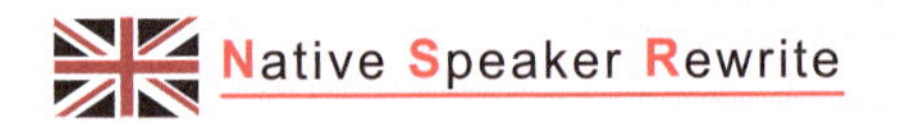

Dear Mr. Y

It was very nice to meet you all in our recent meeting. Unfortunately there is a slight delay in sending you the plan for our joint elderly care project. It has taken a little longer than anticipated to reach an agreement with our management team.
I am pleased to say the plan is almost finished, and it will be sent to you by the end of the month.
We were pleased to hear about AA Corporation's interest in our project, could you please keep us informed if there are any updates on this.

Sincerely,

訳

先日のミーティングは、皆さん全員とお会いできて、たいへん素晴らしいものでした。

遺憾ながら、老人介護の共同プロジェクトのプランの送付が多少遅れます。当社の経営陣との合意に達するまでに、予想していたよりも少し時間がかかっています。

プランはほとんど出来上がっており、今月末までにお送りできることをご連絡申し上げます。

AA 社が我々のプロジェクトに興味を持っているということをお聞きして、うれしく思いました。もし本件について新たな情報が入りましたら、ご連絡をいただけますでしょうか。

2行目には “there is a slight delay ～ ” という文があります。受動態ではありませんが we を主語にしない書き方をしています。「私たちが遅らせた」という印象を与えないためです。

また、メールの後半に入ったところに次の文章があります。

I am pleased to say the plan is almost finished, and it will be sent to you by the end of the month.

この文章は、謝罪の言葉を使わずに送付の遅れを伝えています。ポジティブな雰囲気が十分にあるので、謝罪の言葉を書かなくても失礼な雰囲気は感じさせません。そして文の後半ではさりげなく受動態が使われて、こちらが不利にならない書き方をしています。

重要度 ★★☆
難易度 ★★★

断り

however / butと on the other handの使い分けで文章がパワフルに！

however / but は言うまでもなく「逆接」です。今まで言ってきたことを全部否定することになります。だから、ポジティブなことを書いて相手を気分よくさせた後に **however / but** を書くと、相手に必要以上のダメージや不快感を与えることになります。

たとえば、「あなたの値引き要求はもっともな話です。**しかし**こちらにも事情があります」と書くと、一瞬希望を持った相手は突き落とされたような気持ちになります。

そこで、**on the other hand** を使って「あなたの値引き要求はもっともな話です。**一方、**こちらにも事情があります」と書くと、相手の要望を否定しないかたちで、こちらの反論が可能になります。つまり、**on the other hand は前の文を否定しないので、相手を尊重しながら、反対意見が言えるのです。**

逆に、**相手にとって困ることを書いた後に however / but を書くと、相手は次のことを期待をして、それを受け入れやすい気持ちになります。**

以上をまとめると次のようになります。

有利な書き方は次の２点です。

○ 悪いこと ＋ however/but ＋ 良いこと（良いことが強調される）
○ 良いこと ＋ on the other hand ＋ 悪いこと（悪いことが目立たない）

やってはいけない書き方はこの逆です。

× 良いこと ＋ however/but ＋ 悪いこと（悪いことが強調される）
× 悪いこと ＋ on the other hand ＋ 良いこと（良いことが目立たない）

次のメールは、米国の会社からの提案を断るRさんのメールです。Rさんの会社は、米国の会社専用の化学材料を製造し、輸出しています。米国の会社はその材料の製造に興味があります。米国の会社はライセンス契約の形でRさんの会社の材料を自社で作りたいと、打診のメールがきました。Rさんの会社にはその意思は全くありません。大事なお得意先でもあるので丁重に断ろうと思い、次のメールを書きました。

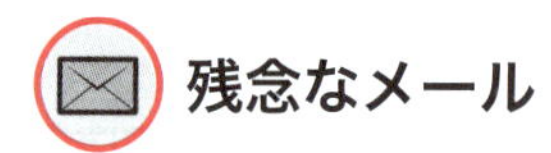

Dear Mr. L

Thank you for your proposal to produce our product in your company under license. It makes possible to save not only delivery time but also delivery cost. It makes sense.
Unfortunately however, we don't prefer that we move our production to foreign country. Sorry we cannot accept your idea.
We are planning to review all our business to meet the current market situation. On this occasion we may review your idea.

Best regards,

こっちの言ったことをよくわかってくれている。これはうまく行きそうだ！

エー！
何でダメなの？？
訳がわからない！

見直してくれるのかナ。
どっちなんだ？？

訳

御社で当社の製品をライセンスベースで作るというご提案をありがとうございます。それは運送時間の節約だけでなく、運送費の節約にもなるでしょう。理にかなったことです。

しかし、遺憾ながら当社は生産を海外に移すことはしたくありません。ご提案を受け入れることができず申し訳ありません。

当社は最新の市場の状況に合わせるために、すべての当社のビジネスの見直しを計画しています。この機会に、御社のアイデアを再検討するかもしれません。

残念なメール ここが原因！

Thank you for your proposal to produce our product in your company under license.
御社で当社の製品をライセンスベースで作るというご提案をありがとうございます。

出だしは積極的な書き方であり問題ない。

It makes possible to save not only delivery time but also delivery cost. It makes sense.
それは運送時間の節約だけでなく、運送費の節約にもなるでしょう。理に適ったことです。

一応相手の言うことを受け入れて、相手はかなり気分がいいはず。この後どのように断るかが問題。

Unfortunately however, we don't prefer that we move our production to foreign country.
しかし、遺憾ながら当社は生産を海外に移すことはしたくありません。

相手をいい気分にさせた後で however がくると、相手を一気に落胆させてしまう。

Sorry we cannot accept your idea.
ご提案を受け入れることができず申し訳ありません。

理由も言わずに断っているので相手は理解ができない。Sorry と言われても納得できるはずがない。かなりマズイ断り方。

We are planning to review all our business to meet the current market situation. On this occasion we may review your idea.

当社は最新の市場の状況に合わせるために、すべての当社のビジネスの見直しを計画しています。この機会に、御社のアイデアを再検討するかもしれません。

リップサービスのつもりで書いたのであろうが、何とかこの話を進めたいと思っている相手は、これを読んで誤解して、また希望を持ってしまいそう。

解説

このメールの問題点は２つ。**5行目で不用意に however を使って、相手に必要以上の落胆を与えている点と、断ったはずのことを、最後の文章でまた曖昧にしてしまっている点です。**

これらを注意して書き直すと、次のようなメールになります。

書き直してパワーメールに！

Dear Mr. L

Thank you for your proposal to produce our product in your company under license. It may bring certain benefits to both of us.
On the other hand our company policy is to produce our product in Japan. For this reason we are unable to proceed with this request.
However, we hope there are other ways we can collaborate to develop our business.

Best regards,

とりあえず相手の言うことを一旦認める。

この話うまく進むかな。

「一方」を使ってこちらの事情を説明。

会社のポリシーか。これは難しいかもしれない。

Howeverを使って前向きな言葉。

「しかしながら」とある。何かいいことかな。

今回はムリそうだな。

訳

御社で当社の製品をライセンスベースで作るというご提案をありがとうございます。それは両社にある程度の恩恵をもたらすかもしれません。

一方、当社には自社の製品は日本で作るというポリシーがあります。この理由により、ご提案の検討を進めることができません。

しかしながら、我々のビジネスを発展させるために、お互いが協力し合える別な方法があることを願っております。

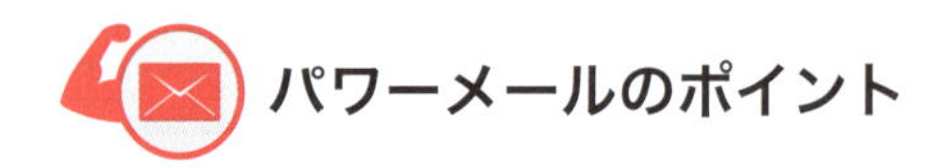

パワーメールのポイント

Thank you for your proposal to produce our product in your company under license. It may bring certain benefits to both of us.

御社で当社の製品をライセンスベースで作るというご提案をありがとうございます。それは両社にある程度の恩恵をもたらすかもしれません。

最初は相手にとって気持ちよく読んでもらえる文章に。相手の提案の価値をまずは認める。

On the other hand our company policy is to produce our product in Japan. For this reason we are unable to proceed with this request.

一方、当社には自社の製品は日本で作るというポリシーがあります。この理由により、ご提案の検討を進めることができません。

ここで "However" と言って相手を落胆させずに, "On the other hand" を使って良い流れを保ったまま、こちらの事情を説明。ポリシーはその理由をいちいち相手に言う必要がないもの。

However, we hope there are other ways we can collaborate to develop our business.

しかしながら、我々のビジネスを発展させるために、お互いが協力し合える別な方法があることを願っております。

相手を落胆させた後はすぐに However を使ってフォローアップ。「しかしながら」と続ければ、相手は次に来ることを期待したい気持ちに。それがあまり利益にならないものでも相手は気分的に多少回復。

解説

however / but と on the other hand を効果的に使い分けることにより、文にメリハリができて、こちらに有利な形のメールに仕上げられます。

このメールは次のように、断るメールの基本的な書き方をしています。

❶最初に、相手が言うことの価値をいったん認めた前向きな文章を書き、良い流れを作る。

❷ On the other hand（一方）と書いて良い流れを止めずに、断りの文章を書く。

❸相手がガッカリした後に、However を書いてポジティブなことを述べ、相手の気分を回復させて終わる。

この書き方により、相手に与えるダメージを最小限に抑えながら、ハッキリ断ることができます。

ただ、on the other hand は使い方に少し注意が必要です。on the other hand の前と後ろは、それぞれある程度相反する客観的なことを書くことがポイントです。そして、その後に結論（決定事項）を書くという手順になります。

例文では、米国で製造すればお互い有利になるという「客観的に言えること」があり、一方（on the other hand）こちらには、製品は日本で作るというポリシー（すなわち事実）があります。そして米国で作るわけにはいかないという結論になりました。

この例文では、however を使っても問題ありません。むしろその方が文章としてはスムーズになるかもしれません。しかしビジネスの効果からすると、on the other hand が有利です。

on the other hand を使うのがふさわしくないケースは、そのあとに主観的なことを書いてしまった場合です。例えば「米国で製造することで有利になりますが、一方、私たちはそうしたくありません」というような文。この場合、「したくありません」というのは主観なので、もし「一方：on the other hand」を使うと英文としては不自然になります。この場合は「しかしながら：however」が適切です。

２つの言葉の線引きはハッキリしない部分もありますが、上記のことに気をつければ、まず問題なくビジネスに有利なメールが書けるでしょう。

英文の正確さを大事にしたい人の場合は、もし迷ったら on the other hand にこだわらずに、however を使った方が無難でしょう。

鉄則８のパワーメール（P83）もこの鉄則が効果的に使われていますのでぜひ参考にしてください。

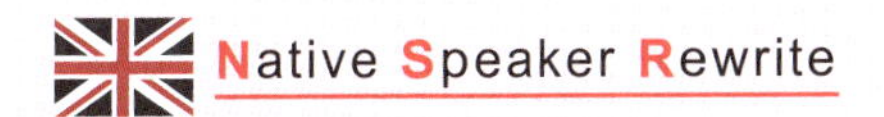

Native Speaker Rewrite

Dear Mr. L

Thank you for your licensing deal proposal.
At present, our company policy is to keep all aspects of production in Japan, and therefore we are unable to proceed with your proposed idea.
We hope there are other ways we can work together to strengthen our business relationship going forward.

Sincerely,

訳

ライセンス取引のご提案をありがとうございます。

現在、当社のポリシーは、製造部門はすべて日本に置いておくということになっています。したがってご提案を進めることはできません。

両社のビジネスの関係を今後強めるために、一緒に仕事ができる別な方法があることを願っております。

このリライトは前のパワーメールに比べてアッサリと短めに書かれており、段落ごとのトーンの変化も小さくなっています。そのため、段落ごとに抑揚をつける on the other hand や howeverを入れるまでもなかったようです。

鉄則８（P83、87）のメールのようにもう少し長めの文章になると、これらの言葉でメリハリをつけながら進むことで、より理解しやすい文章になります。

強い催促

重要度 ★☆☆☆（½）
難易度 ★★☆☆（1½）

今までの鉄則を逆に使うと、ネガティブな力が生まれ攻撃力がアップする。

今まで紹介してきた鉄則の多くは、ポジティブなパワーを生み出すものでしたが、これらを逆に使うとネガティブな力が生まれます。相手を攻撃するメールで使うと攻撃力が増幅されます。

相手を攻撃するメールを書くことは、その場面では効果的だと感じることもありますが、中長期的に考えるとプラスに働くことはほとんどありません。今まで紹介してきた鉄則を活用すれば、通常ならば相手を攻撃することにはならないはずです。**この鉄則は知っておく価値はありますが、使用は極力控えてください。**

とはいっても、思いやりや正しさだけではビジネスに限界を感じることがごく稀にあることも確かです。たとえば相手が許しがたいことを意図的にしてきたときにこちらが強い口調でうまく言えなければストレスを余計に抱えてしまいます。ひとたび戦いになれば強くなくてはなりません。強ければこちらは心に余裕が持て、強さを振り回さずとも落ち着いてある程度は対処できるでしょう。この強さを生み出す書き方が、今回参考までに紹介する鉄則です。

まず、次の表で今までのノウハウを逆に使う方法を具体的に見ていきます。ミスを犯したメーカー側が書く謝罪メールと、相手の会社が書く苦情メールのポイントをまとめたものです。両方のメールは正反対の書き方になることがわります。

謝罪メールとクレームメールの比較表（表現が逆になる）

		謝罪メール	クレームメール
〈メールの構成〉	メールの初め	ポジティブな言葉	ネガティブな言葉
	メールの中心	先に謝罪の言葉を書かない。 やむをえなかった状況を書く。 この状況が不都合を生じさせたと書く。（状況のせい） 謝罪を述べる。	まず文句・不満を言う。 我々がいかに困っているかを書く。 あなたがこの困難を引き起こしたと書く。（あなたのせい） 要求を述べる。要求通りにしないと何が起こるかを書くか暗示する。
	メールの終わり	ポジティブな言葉	ネガティブな言葉
〈細かいテクニック〉	謝罪／クレームの対象	狭くする。（“この不具合”だけについて謝る）	広げる。（“あなた方が起こした不具合”会社全体の責任）
	謝罪／クレームと関わる人	我々とミスを近づけない。 our mistake ではなく this mistake に。	ミス／不都合と相手をくっつける。 your mistake に。
	謝罪／クレームの回数	謝罪は１回	文句・不満は複数回言う

今回のメールは、海外のＡ社から映像関係の周辺機器（DMD-33）を日本で輸入販売している会社のＴさんが、Ａ社に出したメールです。DMD-33 は、Ｔさんの会社の製品の付属品として本体に付けて販売。それがないと本体の販売もできません。

Ａ社はたびたび出荷遅延をおこし、Ｔさんの会社では自社の製品の出荷ができずに混乱が生じています。この混乱は、Ｔさんの会社の代理店（相手から見れば２次代理店）にも及んでいます。

Ｔさんは次のメールを書きましたが、少々パワー不足のようです。

残念なメール

Dear Mr. D

Thank you for your e-mail concerning the delivery of DMD-33.

The delay of the shipment is causing problems for us. We have already got twenty-five orders from our customers. The deliveries to our customers were due to be completed one month ago.

The customers are complaining a lot about the delay.

Please send 10 units this week and send the remaining 15 units by the end of this month at the latest.

We are looking forward to hearing from you soon.

Best regards,

ああ、また納期の催促か。ムリだよ、ムリ。

それはわかっているけど、こっちも一生懸命やっているんだから！

半分位はできるかナ。

いくら言われてもむりだから、返事は放っておこう。そのうちまた何か言ってくるだろう。

due to ~：～するはず（の）

訳

DMD-33の出荷についてのメールをありがとうございます。

この出荷の遅れで、当社では問題が生じています。当社はすでに25台の注文を顧客から得ています。顧客への納入は1ヵ月前に完了するはずのものでした。顧客は遅れについて多くの不満を言ってきております。

今週10台出荷、残りの15台を遅くとも今月末までに発送してください。

すぐにご返事がくることを心待ちにしています。

残念なメール ここが原因！

Thank you for your e-mail concerning the delivery of DMD-33.
DMD-33 の出荷についてのメールをありがとうございます。

フレンドリーに書くとこちらの切迫した状況が伝わらなくなる。この文は不要。

The delay of the shipment is causing problems for us.
この出荷遅れで、当社では問題が生じています。

The delay ではなく your delay にすべき。your と delay とを近づけることによって相手に責任があることを強調できる。problems と us を近づけているのはいい。私たちが被害を受けていることがハッキリする。

We have already got twenty-five orders from our customers. The deliveries to our customers were due to be completed one month ago.
当社はすでに 25 台の注文を顧客から得ています。顧客への納入は 1 ヵ月前に完了するはずのものでした。

このようにこちらの不都合な状況を説明することは必要。

The customers are complaining a lot about the delay.
顧客は遅れについて多くの不満を言ってきております。

The ではなく Our customers、your delay にすれば、あなたの

せいでこちらが困っているという現状がより明確になる。

Please send 10 units this week and send the remaining 15 units by the end of this month at the latest.
今週10台出荷、残りの15台を遅くとも今月末までに発送してください。

これで相手は、本気でやってくれるだろうか。

We are looking forward to hearing from you soon.
すぐにご返事がくることを心待ちにしています。

相手が本気になるかどうかわからない状況で、最後のフレンドリーな文章は不要。

解説

このメールでは、相手が本気でこちらの要望通りに送ってくれるようには思えません。こちらの切実さと事の重大さが伝わっていないからです。大きく分けて理由は2つあります。

1つは、書く内容の問題です。こちらが本当に困っているから早く送ってくれと言っても、相手にとっては何の痛みも感じないので、大きな改善は期待できないでしょう。

2つ目は、各文章の書き方に改善の余地があることです。既に解説した通り、**the delay や the customer のように冠詞がニュートラルな the になっているので、誰のせいで誰が困っているのかがハッキリしません。**また、最初と最後の文章、特に最初をフレンドリーにすると、こちらの強い意思が伝わりづらくなります。**相手へのプレッシャーが不足しています。**

書き直してパワーメールに！

Dear Mr. D

We are surprised that you have postponed the delivery of DMD-33 again. Your delay causes serious problems to us, our sub-distributors, and our customers.
We have already got twenty-five orders of DMD-33, which are to be shipped together with our own expensive equipment. Our deliveries were due to be sent out one month ago. Therefore, we are afraid our customers might cancel their entire orders. If so, our sales and profit would be very badly damaged. Besides, our sub distributors may claim the compensation for their whole profits. The amount is likely to be large. You are causing this problem.
Please send 10 units of DMD-33 this week, and send the remaining 15 units by the end of this month.

Best regards,

フレンドリーな言葉はいらない。

相手は結構怒っているナ。

Your、usを明記。加害者と被害者をハッキリさせる。

問題が相手の想像以上であることを具体例を上げて説明。

かなり深刻なことになっているみたい。結構まずそう。

賠償問題を示唆。

エー！賠償金？ますますマズイ。

相手がマズイと思ったところで要求を言う。

何とかしなければ。

訳

　我々は貴社が DMD-33 の出荷を再度延期したことに驚いています。あなた方による遅れは、当社、２次代理店、そして我々の顧客に深刻な問題を引き起こしています。

こちらでは当社の高額な器械と一緒に納入されなければならない 25 台のDMD-33 の注文を既に取っています。当社からの発送は 1 ヵ月前に行われるはずのものでした。したがって、我々は顧客に全体の注文をキャンセルされることを恐れています。

もしそうなれば、当社の販売･利益はかなりひどく影響を受けます。さらに、我々の 2 次代理店は彼らの全体の利益に対する補償をこちらに請求してくるかもしれません。その額は大きなものになるでしょう。御社がこの問題を引き起こしています。

10 台の DMD-33 を今週中に、残りの 15 台を今月末までにお送りください。

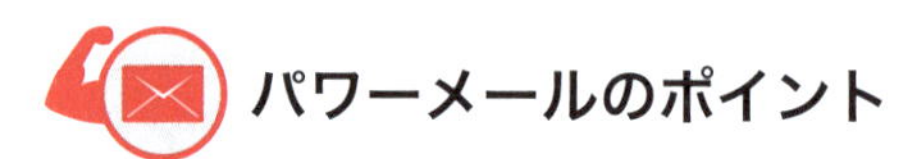

パワーメールのポイント

We are surprised that you have postponed the delivery of DMD-33 again.

我々は貴社が DMD-33 の出荷を再度延期したことに驚いています。

感情的でネガティブに入る。

Your delay causes serious problems to us, our sub-distributors and our customers.

あなた方による遅れは、当社、2 次代理店、そして我々の顧客に深刻な問題を引き起こしています。

Your を書いて遅れの責任は相手にあることをハッキリさせる。us、our を明記して、我々と我々の関係者が被害者であることもハッキリさせてプレッシャーを与える。相手の立場は弱まる。

We have already got twenty-five orders of DMD-33, which are to be shipped together with our own expensive equipment. Our deliveries were due to be sent out one month ago.
Therefore, we are afraid our customers might cancel their entire orders.

こちらでは当社の高額な器械と一緒に納入されなければならない 25 台の DMD-33 の注文を既に取っています。当社からの発送は１ヵ月前に行われるはずのものでした。
したがって、我々は顧客に全体の注文をキャンセルされることを恐れています。

被害はDMD-33だけにとどまらないことを知らせる。

If so, our sales and profit would be very badly damaged. Besides, our sub distributors may claim the compensation for their whole profits. The amount is likely to be large.

もしそうなれば、当社の販売・利益はかなりひどく影響を受けます。さらに、我々の２次代理店は彼らの全体の利益に対する補償をこちらに請求してくるかもしれません。その額は大きなものになるでしょう。

被害総額は相手の想像をはるかに超えていることを知らせる。相手に今のままでは相当マズイと気づかせる。

You are causing this problem.

御社がこの問題を引き起こしています。

You を主語にして、この責任は相手にあることをハッキリと伝える。通常では使わないほどのかなり強い表現（受動態にすればややソフトに）。ここで相手はこの被害総額の賠償請求が自分たちにくるかもしれないことに気づく。相手はどうしてもそれを回避しなくてはならない。

Please send 10 units of DMD-33 this week, and send the remaining 15 units by the end of this month.

10台のDMD-33を今週中に、残りの15台を今月末までにお送りください。

ここでこちらの要求を述べる。この要求通りにすれば、相手は賠償請求の恐ろしい話から逃れられるということになる。

解説

クレームのメールを書いたからには、必ずそれで相手を動かさなければなりません。まともな返事が返って来ないことが続くと、こちらのクレームに対して相手に「耐性」ができてしまいます。そのような状態を打開するために、たまにはこのようなアグレッシブなメールを書かざるを得ない場合もあります。

今回のパワーメールはこちらが強く出るために、次のことを意識して書かれましたので再確認しておきましょう。

❶今まで学んできたポジティブな流れを作る「ノウハウ」を逆に使って、相手の立場をできるだけ弱める書き方を用いる。
❷内容はこちらの被害は相手の想像を超えるものであることを説明。それに対して相手が責任を負うことを暗示（暗示をすれば相手が勝手に負の想像を膨らませる）。
❸相手がマズイと思ったところで、こちらの要求を言う。

通常の仕事の中でのクレームならば、もっと穏やかな書き方になります。今後もお互いにビジネスを続けていくならば、❶の相手の立場を弱める程度の書き方だけで十分でしょう。

強いメールを書ける力を持つことは必要ですが、それをむやみに使うのではなく、場面に合わせてどこまで厳しくするかを冷静に判断しながら書いてください。

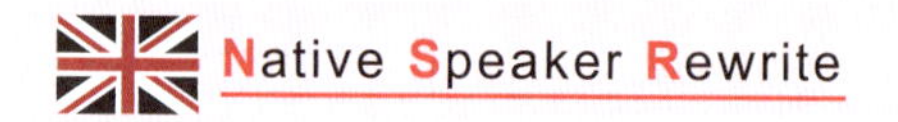

Dear Mr. D

We are troubled by the fact that the shipment of the DMD-33 has been postponed again. I am sure you can appreciate this delay causes us significant problems.
We have already received twenty-five orders for the DMD-33 together with orders for our own expensive equipment which were supposed to be delivered together one month ago. Naturally, we are concerned that our customers will cancel the whole order, including our products, and consequently our sales and profits will be hit. An additional concern is that sub distributors may claim compensation for their loss of profit.
For these reasons we would like to ask you to send us 10 Units of DMD-33 by the end of this week, and the following 15 units by the end of the month.

We would be very grateful for your swift assistance in this matter.

Sincerely,

訳

御社のDMD-33の出荷が再度延期されていることにより、我々は悩まされています。この遅れが当社に深刻な問題を引き起こしていることを御社は十分に認識されていることと思います。

当社は、既に25台のDMD-33を当社の高額な器械と一緒に受注しており、それらは1ヵ月前に一緒に納めるはずのものでした。当然ながら、顧客たちが当社の製品を含めた全部の注文をキャンセルし、当社が売上と利益に打撃を被ることを懸念しています。それに加えて心配なのは、2次代理店が彼らの失った利益の補償を要求してくるかもしれないことです。

これらの理由により、DMD-33を10台今週末までに、次の15台を月末までにこちらに送るようお願いしたいと思います。

本件に関して迅速なご対応をいただければ幸甚です。

ダニエル先生のリライトは前述のパワーメールに比べてある程度紳士的な書き方をしています。大きく違う点は、「これは御社が引き起こしたこと」という文章はなく、相手への賠償責任もほとんど暗示はしていません。また、このリライトの最初の段落の中で、the とthis が使われています。これらを your にするとさらに相手を責める感じになりますが、挑戦的(confrontation)になりすぎるので、これらは控えたとのことです。

そして最後は穏やかな口調になっています。しかし深刻な状況は十分伝わり説得力があります。

最後に、この鉄則20のノウハウは、どうしても必要な際に部分的に使う程度にして、極力封印しておいてください。

小林先生より

コラム メールは第三者に見られるもの

すべてのメールは、第三者から見られる可能性があります。

管理部門が社員のメールを見るだけでなく、たとえば、国税庁の監査が入れば、過去10年分の記録をチェックされることがあります。また、自社製品の事故などが起こったときには、海外の関係機関からもチェックが入る場合があるでしょう。

以前、ある企業の設計者が冗談で仲間に、「自分だったら怖くて自社製品は使わないね」というメールを出していました。幸い、何事も起きませんでしたが、もしその製品に事故が起きてこのメールが見つかったら、この会社はPL（製造物責任）訴訟などで、莫大な補償金を支払わされる可能性があります。

また、ある大手メーカーの元役員の方の話では、記録にあった一言で大きな賠償金を支払うはめになったことがあったそうです。

自社製品に不具合が見つかったので、輸出をしている米国の該当機関に自己申請をしました。自己申請をすれば制裁金は少なくて済むそうです。今まで欠陥があることに気づかなかったが、気がついたので直ちに報告をしたわけです。そして、手続きはすべて上手くいき、無事完了すると思ったそのときに、米国当局の弁護士から連絡が入りました。要求は社内の関係部署の記録をチェックさせてもらいたいというものです。拒むわけにはいきません。徹底的に調べられることになりました。そして１通のメモを見つけられたのです。それには、「事故の可能性があるのではないか」と書かれていました。米国当局に、事故の可能性があることをわかっていながら、それを隠して米国で販売を続けていたという理由で、何十億円もの制裁金を支払うはめになったのです。

このケースは書き方が悪かったわけではありませんが、記録を見られたことによって思いがけない大きな事態が起きた例です。

メールも同様です。メールは他人に読まれる可能性のあるものです。普段から第三者の目を意識して、少なくとも自分で注意できる範囲のところは、誰に見られても危険がない書き方を日ごろからする配慮が必要です。

第2章

依頼、催促、謝罪、提案…鉄則を使ったケーススタディ10

難しいビジネスシーンもパワーメールでなら乗り越えられる！
説得力のあるメールをスピーディーに書く応用編

ケース 01

依頼・催促

Ｉさんの会社は、クアラルンプールで和食のレストランを開くため、現地のパートナーの会社と一緒に準備をしています。１ヵ月前にその会社を訪問しました。その２週間後に日本の別の会社が現地に和食レストランをオープンさせることがわかっていたので、Ｉさんはこの店の情報を今日までに送ってもらう約束をパートナーの会社としました。しかし夜遅くなっても送られてきません。Ｉさんは少しヤキモキしながら催促のメールを書きました。

残念なメール

Dear Mr. M

It was good to meet with all of you last month.
We agreed at that meeting that you would send us detailed information about our competitor's new restaurant in Kuala Lumpur by today.
As we said in the meeting, please let us know the floor area in square meters of the restaurant, its menu, the number of customers, the average amount spent by each customer, the expected turnover on weekdays and on holidays. Also please send

そうだね。結構いいミーティングだったね。

気にはしていたんだけど、こっちも忙しかったんだ。

調べることはそんなにあったっけ！写真も追加？

photos of the inside and outside of the restaurant.
We look forward to hearing from you.
Thank you very much for your kind cooperation.

Best regards,

無理！
こんなにできないよ

訳

先月は皆さま方とお会いできてよかったと思っております。

そのミーティングで、クアラルンプールの競合会社の新しいレストランに関する詳細な情報を、今日までに送っていただけるということで合意しました。

ミーティングで申し上げましたように、そのレストランの床部分の平米数（平方メートル）、メニュー、客数、平均客単価、平日と休日の１日あたりの予想売上をご連絡ください。レストランの外観と内部の写真もお送りください。

ご連絡を心待ちにしております。ご協力に心より感謝いたします。

解説

余裕がなく、少しあせっている印象のメールです。良い雰囲気が整わないうちに、ネガティブな本題に入ってしまった感じです。先の会議で合意したとはいえ、もはや時間のない状況では頼み事が多すぎるように見えます。

また、催促をしたい気持ちはわかりますが、約束を盾にとって相手に要求するのは、相手の気分を害するので効果的な催促の仕方ではありません。

日本人の感覚で海外の相手に時間の正確さを求めると、相手は違和感を持つことがあります。今回のように期限を決めるときなどは余裕を持たせた方が、お互いストレスが少なく仕事はスムーズに進むでしょう。

SAKUSEN会議 リライトのポイントと今回使用する鉄則

状況を確認すると下記のようになります。

- 先方との会議で、今日までに報告してもらう項目をいろいろ頼んできた。しかしこちらが急いでいるのに報告がまだ来ない。
- 依頼項目が多いので、この状況でゴリ押ししても、まず全部の情報は来ない。関係も悪化してしまいそう。
- 一部のさほど重要ではなくて、相手にとっては負担のかかりそうな依頼事項は今回は外す方が現実的。

この状況をふまえると下記の順番で書いていくのがいいでしょう。

- 始まりはポジティブな文章にする。鉄則1
- 小さくても合意点を見つけてそこから入る。鉄則15
- 依頼事項が多いので箇条書きに。鉄則1
- 時間の関係上依頼を１つ減らし、期限も少しずらす。
- 催促の言葉は１回で済ませる。鉄則4の応用
- 今、相手は依頼事をやってくれている最中と信じている前提で、メールを書く。鉄則12
- 雰囲気がネガティブに傾きかけたら、ポジティブな文を補給する。鉄則7
- 最後もポジティブな文章で終わる。鉄則1

書き直してパワーメールに！

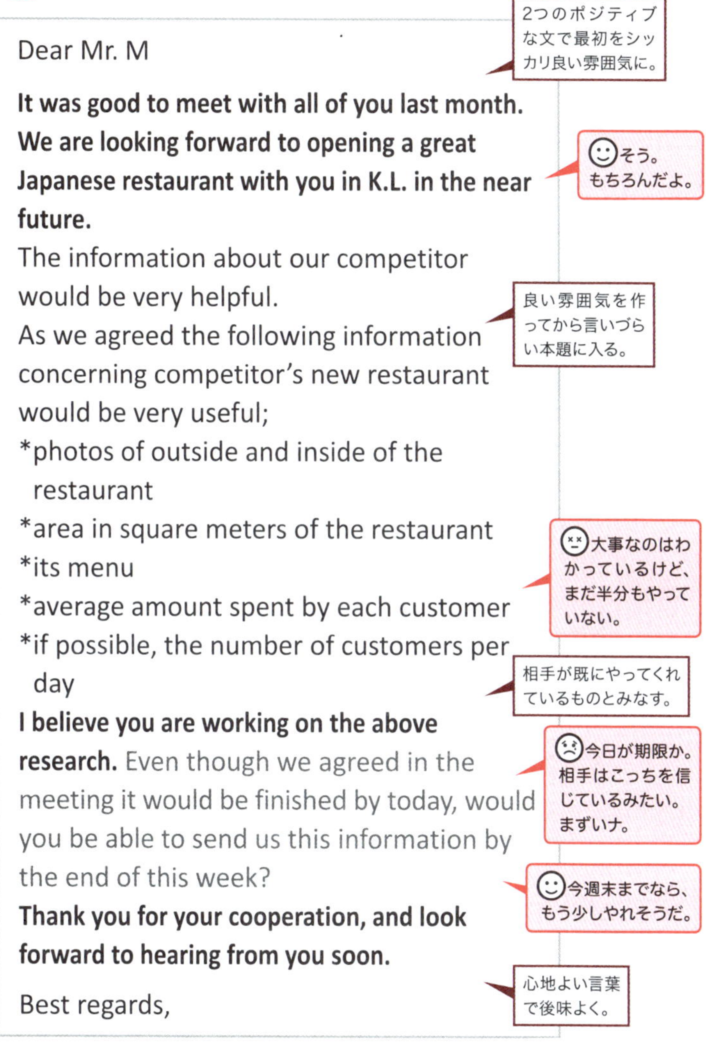

Dear Mr. M

It was good to meet with all of you last month. We are looking forward to opening a great Japanese restaurant with you in K.L. in the near future.

The information about our competitor would be very helpful.
As we agreed the following information concerning competitor's new restaurant would be very useful;
*photos of outside and inside of the restaurant
*area in square meters of the restaurant
*its menu
*average amount spent by each customer
*if possible, the number of customers per day

I believe you are working on the above research. Even though we agreed in the meeting it would be finished by today, would you be able to send us this information by the end of this week?

Thank you for your cooperation, and look forward to hearing from you soon.

Best regards,

K.L.：Kuala Lumpur の略。現地や近隣諸国の人々はこのように言うことが多い。

訳

先日皆さま方とお会いできてよかったと思っております。

御社とともに、近い将来クアラルンプールに素晴らしい日本食レストランをオープンできることを心待ちにしています。

競合他社に関する情報はとても役に立つものです。

先日のミーティングで競合会社の新しいレストランについて次の情報は大変有用になるということを合意しました。

＊レストランの外観と内部の写真

＊レストランの平米数

＊レストランのメニュー

＊平均客単価

＊もし可能であれば、１日あたりの客数

上記の情報収集に取り組まれていることと思います。先日の会議で今日までに終わらせることで合意しましたが、今週末までにこの情報をお送りいただけますでしょうか。

ご協力をありがたく思うとともに、近々のご連絡を心待ちにしております。

解説

メールを書く前には、前述の「SAKUSEN会議」のようにポイントとなる内容をどのような順番で書いていくかを事前に考えておくと、どの鉄則が使えるか作戦が立てやすくなります。

今回は特に**鉄則12**がポイントです。「今日が期限ですが、依頼したことをやってくださっている最中でしょう」と言った方が、「今日が期限ですがまだですか？」とプッシュするより、相手を尊重しながら催促することができます。

また、今回は依頼事項が多いにもかかわらず時間がなくなってしまいました。この状態で押し通してもうまくいきそうもありません。軌道修正が必要です。できそうなことを頼むことが大事です。

今回の新たなポイント

依頼するときは、相手ができそうな範囲で頼むことです。催促や依頼をして、相手ができなかったり、断られたり、無視されたら、こちらの立場は悪くなります。両社の関係もおかしくなるかもしれません。そうならないために、状況と相手の力量をみて、相手ができそうな範囲で頼むことが基本です。

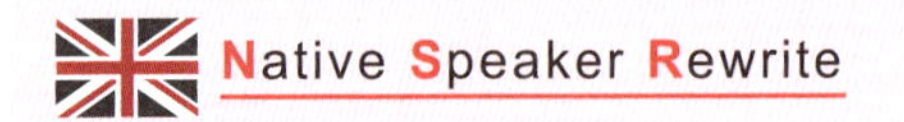

Dear Mr. M

It was very nice to meet you all. I feel confident we can open a successful Japanese restaurant in Kuala Lumpur in the near future.

As mentioned, the following information concerning our competitor would be very useful.

* photos of outside and inside of the restaurant
* the floor area of the restaurant (m^2)
* the menu
* the average amount spent by each customer
* the average number of the customer per day

Thank you again for agreeing to send it to us.
We would be very grateful if you could send this information to us by the end of the week.

Sincerely,

訳

皆さま方とお会いできたことは素晴らしいことでした。私は、両社が近い将来クアラルンプールに成功する和食レストランをオープンできることを確信しています。

申し上げました通り、下記の競合他店に関する情報はとても役に立つものです。

＊レストランの外観と内部の写真
＊レストランの床面積（平方メートル）
＊メニュー

> ＊平均客単価
> ＊１日あたりの平均客数
> それらを送ってくださることに合意していただき、再度御礼申し上げます。この情報を今週末までに送っていただければ幸甚です。

基本的に前述のパワーメールと同じですが、もう少しあっさりとした書き方です。しかし最後の依頼と感謝の言葉はキッチリと的を射ていて、既に合意したことに感謝を述べる形で丁寧に念を押しています。

ケース
02 依頼

次のメールは、アメリカの親しい代理店から送られてきた費用請求に対して、明細の確認をするために、担当のＨさんが米国代理店に書いたものです。

背景は、Ｈさんの会社がスポンサーとなって、日本人研究者を、アメリカの大学に短期留学させました。Ｈさん側からの依頼により、代理店はある程度の費用立替を含めて、その研究者の面倒を見てくれたのです。

しかし、かかった費用の請求が送られてきたところ、思ったよりも高額でした。アメリカの取引先は厚意で引き受けてくれて、しかもよく面倒を見てくれたので、あまり文句は言えない状況です。しかし、納得できない金額では、支払いの稟議が通りません。Ｈさんは、ここはストレートに尋ねるしかないと思い、次のようなメールを書きました。

残念なメール

Dear Mrs. N

I am sorry for my late response.
Regarding Dr. Asada's expenes it is not easy for us to accept such a big amount.
Moreover, we had already asked you to charge us in installments, but you sent us

面倒見てあげたのに、返事が遅すぎ。

立て替えてあげたお金の返済が難しいって、いったいどういうこと！

a single invoice. Especially, we would like you to specify what the "Miscellaneous Expenses" are in the invoice, as it is a large amount. We would like to discuss the payment further after seeing a detailed breakdown.

Best regards,

雑費の明細も必要なの？ まあ送るけど。

立て替えたお金はちゃんと払ってくれるんでしょうね！ 何だか心配になってきた。

specify : 明細に述べる
miscellaneous expense : 雑費

訳

私の返事が遅れて申し訳ありません。

浅田博士の費用に関して、当社はこのような高額な請求をお受けすることは容易ではありません。さらに当社からは分割での請求をお願いしてありましたが、1つの請求書できました。特に、請求書の中の「雑費」が何であるのか、大きな金額になっていますので詳細をいただきたいと思います。明細を見てから、支払いについてさらに話し合いをしたいと思っております。

解説

すべてのセンテンスがグレーで、ネガティブな印象を与えるメールです。返事が遅れた程度で最初から謝ってしまい、こちらの立場を悪くしています。これから金銭に関する微妙な話をするので、この出だしの書き方は自分たちを不利にします。相手には面倒を見てもらい、お金まで立て替えてもらっているのに、請求金額が高すぎるので証拠を見せてくれと言わんばかりのメールになっています。相手は不快になることはもちろん、立替金をちゃんと払ってもらえるか不安になるかもしれません。

これを書いたHさんは、恩義がある相手に対して、全体の状況を見ずに上司に言われた通りに相手に伝えてしまったようです。

SAKUSEN会議 リライトのポイントと今回使用する鉄則

今回の背景は下記のようになります。

- 請求金額が高いと思うので、より詳しい明細を要求したい。しかし、お世話になった手前、少し頼みづらい。
- まず、請求明細をもらって、それが正しければ支払う以外にない。値切れる状況にはない。つまり、請求額が高すぎるという問題ではなくて、請求金額が正しいかどうかの問題。
- したがって、事務的な問題として進めるべき。
  ついでながら言えば、請求金額が正しくて、上司がその金額に不満であれば、上司を説得するのはHさんの仕事。

以上を考慮すると、次のようにメールを書き進めればうまくいくでしょう。

- メールの始めと終わりは気持ちの良い文章に。**鉄則1**
- その後に、まず立替代金を支払うため、手続きの最中であることを相手に知らせて安心させ、ポジティブな雰囲気をしっかり作る。つまりこちらも支払うことには合意していることを最初に書いておく。**鉄則15**
- 詳細を要求する書き方は、あなたに支払うために専門部署の経理部が必要としているという書き方にすれば角がたたないし、説得力が増す。さらに「私」がお願いしているわけではないので、私の立場も悪くならない。**鉄則8の応用**
- 明細があれば支払えるという状況を示して、相手に自分から急いで送ろうという気持ちになってもらう。**鉄則16の応用**
- 依頼して、相手のテンションが下がりかけたら、ポジティブな文を直後に入れて、いい雰囲気を取り戻す。**鉄則7**

書き直してパワーメールに！

Dear Mrs. N

Thank you for your mail concerning Dr. Asada's expenses.

We are currently preparing our internal documents to settle the amount with you.

Our accounting department has requested a detailed breakdown of the "Miscellaneous Expenses".

Would you please send us an itemized list?

Regarding the means of payment, as we informed you in advance we will pay on a 4-months installment plan, not in a single playment.

Thank you very much for your cooperation, and we are looking forward to hearing from you.

Best regards,

前向きな言葉で入る。

気になっていた返事が、やっと来た。

支払手続きの最中。相手を安心させる。

もうすぐ支払ってもらえそうだ。よかった！

支払うために必要なことを依頼。

すぐ払ってもらえるなら明細を送ることくらいは簡単。

確かに分割払いって前から言ってた。まあしかたない。

最後は明るい言葉と軽い念押し。

早く支払ってくれるなら、すぐに明細を送ると言っておこう。

settle：借金などを清算する
installment plan：分割払い方式

訳

浅田博士の費用についてのメールをありがとうございました。

今、御社にご返済するために、社内書類を準備しているところです。当社の経理部が「雑費」の明細を求めています。その明細リストを送っていただけますでしょうか。

支払方法につきましては、事前にご連絡してありますように一度にではなく、４ヵ月の月割りでお支払いいたします。

ご協力に心より感謝し、ご連絡を心待ちにしています。

解説

こちらが言いたいことは、実はグレーで示された２つのセンテンスだけです。しかし、それだけを言うと相手は気分を害してしまうので、そうならないためにほかの文を加えました。そしてそれらの文章のほとんどは鉄則を含んでいて、２つのネガティブな文章が言いやすくなるようにサポートしています。

このリライトでは、SAKUSEN会議で示された５つの鉄則が使われています。その結果、前向きな雰囲気が生まれ、相手はテンポよく読んで要求されたものを送ろうという気持ちに自然になるでしょう。

今回の新たなポイント

全体の状況を把握した上で、目の前の課題に当たった方が間違いは少ないと言えます。Hさんは、上司に言われた通り、請求額が高すぎるのではないかという態度で、相手にチョット失礼なメールを書いてしまいました。SAKUSEN会議で述べたような全体の状況をつかんでいれば、バランスがとれるため、相手に不快感を与えず、もっと協力を得られやすいメールが書けるはずです。

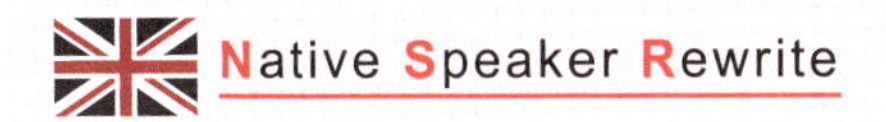

Dear Mrs. N

Thank you for your correspondence regarding Dr. Asada's expense claim.
We are now in the process of preparing the necessary documents for payment. Our accounting department has requested an itemized breakdown of the 'miscellaneous expenses'. Could you please send this information to us?
Furthermore, we would like to reconfirm our expense payment procedure. Expenses will be paid in four equal installments, over the next four months, rather than one lump sum.
We look forward to hearing from you soon.

Sincerely,

lump sum：一括方式

訳

浅田博士の費用請求についてのご連絡をありがとうございます。
こちらは今、支払いのための必要書類を準備しているところであり、当社の経理部が雑費の明細書を要求してきております。この情報をお送りいただけないでしょうか？
さらに、費用のお支払手順について再確認をさせていただきたいと思います。費用は一括ではなく、４ヵ月にわたって均等月払いで支払われます。
ご連絡を心待ちにしております。

全体的に必要なことを端的に書いてあります。

一見すると見過ごされがちですが、下線の部分があえて受け身で書かれています。「我々は分割払いで支払う」と書くと、お金に困っているようでチョットみじめな感じになります。受け身にすることにより「行為」の方が強調されて、「我々が」支払うということが表に出てこないようにしてあります。 鉄則18

ケース 03

依頼

Dさんが海外代理店に書いた依頼のメールです。Dさんの会社の新製品に関するマーケットレポートを送ってもらいましたが、こちらが知りたい２点が書かれていません。その２点の情報を依頼するものです。時間があまりないので少しあせっているようにも見えます。

残念なメール

Dear Mr. U

Thank you for sending your market research for the new product. It is very helpful for us.
If possible would you also send us the expected market size and the quantity that you can sell in one year?
We will have our new products meeting next Monday. It would be appreciated if you could send us the information by the end of this week.
We kindly ask for your understanding in this matter.

Best regards,

送ってあげたマーケット情報のお礼だナ。役に立ったようだ。

エー、もっと情報が必要なの？

今週中だって！ムリ、ムリ。

理解なんかできるわけないでしょ。

訳

新製品のマーケットリサーチをお送りくださり、ありがとうございました。当社にとって大変役立ちます。

もし可能であれば、期待できるマーケットの大きさと、貴社の年間予定販売数量をさらにお送り願えないでしょうか？

当社は新製品会議を来週月曜日に行います。今週末までにその情報を送っていただければ幸いです。

本件のご理解をよろしくお願いいたします。

解説

このメールは、こちらの都合だけを述べて追加情報のお願いをしたものであり、相手の心の動きをほとんど考えていないように見えます。このように「こちらがどうしても必要なのでお願いします」という依頼の仕方は、幼稚で成功率は低くなります。

SAKUSEN会議 リライトのポイントと今回使用する鉄則

今回の背景を確認すると下記のようになります。

- 代理店から新製品のマーケットレポートが届いたが、こちらが知りたい市場の大きさと年間購入数量が書かれていない。
- こちらはその情報を今週末までに必要としている。
- 相手がレポートを送ってきてくれたばかりなので、チョット頼みづらい。しかし頼まなければならない。

このような状況でメールを書くには、次のような順序で書けばいいでしょう。

- 最初は前向きな言葉。すなわち、送ってくれたマーケットレポートの感謝。鉄則1

- 次に状況説明。レポートになかった市場サイズと購入数量がマーケティングプランを作るために大事な情報であることを説明する。鉄則8
- そのプランが出来上がれば、代理店にとっても役立つので、その情報をシェアすることを約束。すなわち、代理店が追加情報を送れば代理店のためにもなることを伝える。鉄則4
- 上記により、依頼するための準備が整ったら、ここで情報送付の依頼を1回、ハッキリと書く。
- 最後は、相手にとって良いことを書いて終わる。鉄則1

今回はいくつかの鉄則の中でも、この依頼が相手のためにもなるという書き方の鉄則4が中心になります。

書き直してパワーメールに！

Dear Mr. U

Thank you for sending the market research of the new product. It is very helpful for us.
Our main concerns are the market size and the expected quantity that will be sold. We believe such information would make our marketing plan much more reliable. **We can then send this to you for your reference. It will be the guideline for your sales of the new product in your market.**
The marketing plan will be finalized at the new products meeting held next Monday. Therefore, could you send us the following information about your market by the end of this week?
(1) Market size of the new product
(2) Expected annual sales
We would like to send you our finalized marketing plan within this month.
We are looking forward to hearing from you.

Best regards,

相手が気分良く感じる言葉で入る。

送った情報は役に立ったようだ。

ものを頼むための前準備。2つの情報がいかに大事か説明。

この情報提供が相手のためにもなることを説明。

追加情報を送るのは面倒だナ。でも後でいろいろな情報がもらえるのか。

相手の心が少し開いたところで初めてハッキリ依頼。

しかたがない、作って送ってやろうか。

相手が喜ぶことと軽い念押し。

良いプランを作って送ってよ。

訳

新製品のマーケットリサーチをお送りくださり、ありがとうございました。我々にとって大変役に立つものです。

我々の主な関心事は、市場の大きさと販売予想数量です。そのような情報によって我々のマーケティングプランの信頼性は高まると信じています。ご参考まで、これを御社にお送りすることができます。それは貴社のマーケットで新製品を販売するための指針となるでしょう。

マーケティングプランは、次の月曜日に行われる新製品会議で最終的に出来上がります。そのため、下記の御社のマーケット情報を今週末までに送っていただけないでしょうか？

（1）新製品の市場の大きさ

（2）年間販売予想数量

今月中に、出来上がった当社のマーケティングプランを御社にお送りしたいと思います。

ご連絡を心待ちにしております。

解説

この依頼メールのポイントは、相手が追加情報を提供すれば、相手も有益な情報が得られるという点です。**鉄則4** の活用です。

上記を説明して、相手が協力した方が良さそうだと思い始めたころに、2点をハッキリ箇条書きにして依頼しています。

最後は2つの前向きな文で、ポジティブな雰囲気を高めて終わっています。

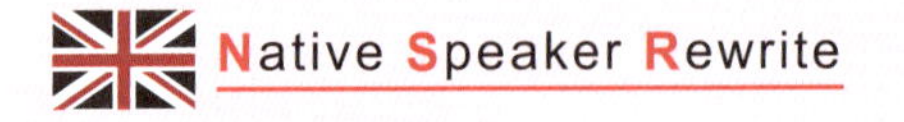

Dear Mr. U

Thank you for sending us the new product market research. It was very helpful for us. In order for us to create the best possible marketing plan, may we please ask you for some further information;

・the new product's market size
・the expected annual sales

Next Monday we have a meeting to finalize the marketing plan, so we would be very grateful if you could send us these details by the end of this week. **Once completed, we would like to send you a copy for your reference.**

We look forward to hearing from you in due course.

Sincerely,

訳

　新製品のマーケットリサーチをお送りくださり、ありがとうございました。我々にとって大変役に立ちました。可能な限り最高のマーケットプランを作るために、さらに情報をお願いしてもよろしいでしょうか。

・新製品の市場の大きさ
・年間販売予想数量

　次の月曜日に我々はマーケティング計画を仕上げるためにミーティングを持ちますので、これらの詳細を今週末までに送っていただけれ

> ば幸いです。
> 　出来上がりましたら、皆さまのご参考までにコピーをお送りいたします。
> 　ご連絡くださることを心待ちにしております。

少し簡潔になっていますが、鉄則にのっとったポイントはしっかり押さえています。

細かい点ですが、1文目の new product market research は複数の単語（主に名詞）を並べて名詞句の形にしています。Nominalization（名詞化）と呼ばれる方法で、理解がしやすくなります。

ケース
04

依頼・催促

ある中小企業が、海外の代理店に小型工作機械を、商品受領後30日銀行振込という支払い条件で輸出しています。しかし、未払い金が増えたのでその支払いスケジュールを要求したところ、完済するのに１年もかかる予定が送られてきました。より早い支払いスケジュールを出し直してもらう必要があります。そこで、担当のWさんは次のメールを書きました。

このようなお金に関することを説得することは簡単ではありませんが、Wさんは少々感情的になってストレートに書いています。

残念なメール

Dear Mr. B

Thank you for your prompt reply.
However, we are not satisfied with your slow payment schedule. We would like to ask you to revise it so that the outstanding amount will be settled in 6 months.
Please reply by Jan 12th.

Best regards,

何かいいことが書いてあるのかナ。

エー、支払い予定を作り直せだって？

まるで命令口調だ。もう放っておこうかな。

訳

早速のお返事ありがとうございます。
しかしながら、御社の遅い支払い予定は満足できるものではありません。

> 未払い金が6ヵ月で完済できるように見直しをお願いしたいと思います。
> 1月12日までにご返事をください。

解説

このメールは少々強い言い方になっています。感情的に相手を責める口調になっているところもあり、相手の反発を招く可能性があります。

相手と話し合って合意に至るというストーリーが見えないメールです。

SAKUSEN会議 リライトのポイントと今回使用する鉄則

お金が絡む繊細なテーマなので、少し慎重に次のような順番で書くのがいいでしょう。

- 明るい言葉から入る。鉄則1
- お互いが合意できるポジティブなことを述べて、前向きな雰囲気を作る。鉄則6 鉄則15
- 状況説明を丁寧にする。鉄則8
- 頭にきていても相手を尊重して、終始冷静に書く。鉄則5
- 以上の準備をした後に改善策(依頼)を書く。
- 依頼によりプラスの雰囲気が下がったら、ポジティブな文章で十分にプラスのエネルギーを注入し、良い雰囲気にして終わる。鉄則1 鉄則7

書き直してパワーメールに！

Dear Mr. B

Thank you for your mail concerning the payment schedule.
We consider this information important to improve our mutual understanding.
According to your plan the unpaid amount will increase, and next month this amount will be equivalent to half a year of sales.
Unfortunately, according to our company policy, this would mean that new shipments would be automatically suspended.
It will take 12 months to settle the unpaid amount according to the present plan. If the payment was to be made within 6 months, this problem would be temporarily solved.
We would ask that you amend your payment plan based on the above considerations, and send us a new suggested payment plan by January 12th, **so that your orders can be shipped smoothly.**
If you have any questions, please do not hesitate to contact us.

Best regards,

最初にプラスのエネルギーを十分に注入。

あの支払い予定でOKかナ。

小さな合意点を見つけて弾みをつける。

まあその通りだ。

状況を丁寧に説明。

なんだかかなり厳しそう。

モノがこなくなるのは、困る！

提案を客観的にする。We、I は入れない。

前向きな言葉とともに期限を言う。

ポジティブな言葉をもう1つ書いてダメ押し。

支払いを早めなければまずそうだし、いろいろ考えてみよう。

equivalent：相当する、同等の

訳

支払い予定に関するメールを、ありがとうございました。
この情報は、互いの理解を深めるために大事だと考えます。
貴社のプランによると、未払い金の額は増え、来月にはこの額は年間売上の半分に相当します。残念ながら、このことは弊社のポリシーにより、新たな出荷が自動的に一時停止になることを意味します。
現在のプランによると、未払い額が清算されるのに12ヵ月かかります。もし6ヵ月で清算されたならこの問題は一時的に解決されます。
注文された品物がスムーズに出荷されるよう、上記を考慮の上、御社の支払いプランを修正していただき、新しい支払いプランを1月12日までにお送りくださるようお願いいたします。
もし質問がございましたら、どうぞ遠慮なくご連絡ください。

解説

重い話題なので、本題に入る前にポジティブなエネルギーを十分に蓄えておく必要があります。したがって、冒頭にプラスの文章をダブルで入れました。

次に状況を丁寧に説明し、現在の支払いスケジュールだと出荷停止になる可能性にも言及。そうならないように6ヵ月で完済という提案をし、返事を心待ちにしているという書き方です。こちらの立場が不利にならないよう、相手に対して依頼する言葉は最小限にしています。最後は再びポジティブな文章を書いて誠意を示し、良い雰囲気を作りながら終わっています。

ベースとなるものは、冷静さ、こちらが不利にならない書き方、相手への配慮と誠意でしょう。

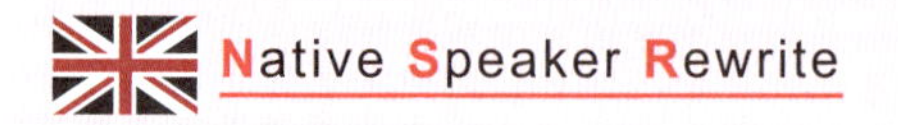

Dear Mr. B

Thank you for your mail concerning the payment schedule. Clearly this information is important to improve our mutual understanding.
According to your proposal, the unpaid amount will increase. This means that next month the amount you owe us will be equivalent to half a year of sales. If this happens, all further shipments will have to be suspended in accordance with our company policy. Furthermore, according to the current payment plan, it will take 12 months to settle the unpaid amount. We feel this is unreasonable, and we would like to ask you to settle the full amount within 6 months.
We hope you can *appreciate* our *concerns*, and we look forward to hearing from you by Jan. 12th.
If you would like to discuss this matter further, please don't hesitate to contact us.

Sincerely,

unpaid：未払いの
appreciate：理解する、認識する、感謝する
concern：懸念、心配、関心事

訳

支払い予定に関するメールをありがとうございました。この情報は明らかに、相互理解を深めるために大事です。

御社のご提案によると、未払い金の額は増えます。これは、来月には、負債額が売上の半年分相当になることを意味します。もしこのようなことが起きると、当社のポリシーに従って、今後すべての出荷が一時停止にならざるをえません。

さらに、もし現在の支払い計画に従えば、未払い金を処理し終わるのに 12ヵ月かかります。我々はこれは不合理だと感じておりますので、6ヵ月で全額を清算するようお願いしたいと思います。

こちらの懸念をご理解いただけることを願っております、そして1月12日までにお考えを聞かせてくださるよう心待ちにしております。

本件について、もしさらに話し合いをされたければ遠慮なくご連絡ください。

ダニエル先生のリライトは、特に後半の依頼する部分ではより丁寧な言い方になっています。前述のパワーメールと比べて、幾分 We が出てくる回数が多くなり、書いている本人の顔が見えてくる感じです。お互いよく知っていて信頼関係のある場合、このような書き方は有効です。

ケース
05
催促

焼酎を輸出しているタイの代理店に、競合他社の価格情報の入手を依頼する２度目のメールです。

こちらの担当者Yさんは、代理店の売上高が商品により大きなばらつきがあるので、先方での値段設定が市場にマッチしていないのではないかと考えました。それを検討するために、競合他社の価格情報を得ようとしています。

依頼をしても返事がこないので、今回はエクセルで他社との価格の比較表のフォーマットを作って、そこに他社価格を入れてもらえれば簡単に比較できるようにしました。

残念なメール

Dear Mr. A

I have sent you an e-mail concerning the issue of competitors' prices, but I have not yet received your answer.
I am sending an excell file for you to fill in to create a price comparison sheet for your market.
This time could you please collaborate with us by filling in the attached file and kindly sending it back by August 9th?

催促のメールか。

今度はエクセルファイルに打ち込めばいいだけになっているのね。

9日までか。
あー、面倒くさいナ。

Thank you for your kind understanding and cooperation.

Best regards,

fill in：必要事項を記入する

訳

競合他社の価格についてメールをお送りしてありますが、まだご返事をいただいておりません。

そちらの市場の価格比較表を作るために、書き込み用のエクセルファイルをお送りいたします。

今回、添付のファイルに必要事項を記入していただき、そして８月９日までに返送してくださるようご協力をお願いできないでしょうか。

ご理解とご協力に感謝いたします。

解説

出だしがネガティブな書き方になっています。出だしでメールの印象は大きく変わるので、もったいない感じがします。そのあとの文で、必要事項は一応書けています。

今回、Ｙさんは工夫して相手の手間が省けるようなエクセルファイルを作ったという良い材料があります。その便利さとこちらの前向きな気持ちを書くことにより、相手の気持ちを動かすメールになるはずです。

最後にもう少しポジティブな度合いを強めると、全体的にプラスの印象になるので、相手の心がより動いてくれるでしょう。

SAKUSEN会議 リライトのポイントと今回使用する鉄則

今回のメールの背景は次の通りです。

- 相手はこちらの依頼に対して返事をしてこない。もし、この2回目の依頼に対しても返事がこないと、大事なコミュニケーションがとれないという面倒な事態になる。この状態で仕事を続けるのは大きなストレス。相手にこのようなクセをつけさせないためにも、必ずこのメールでキッチリ返事をもらわなければならない。
- こちらには新たに作った価格比較表ファイルという道具があるので、これに興味を持たせて、ヤル気をおこさせることができるかもしれない。

このような状況を考慮すると、次の順番で書けば、効果的なメールになりそうです。

- 最初は明るい雰囲気を作る文章で入る。鉄則1
- 次に、相手が以前に語ったことに同意して連帯感を強め、ポジティブな雰囲気をさらに強める。そうなればこの後にする依頼がしやすくなる。鉄則15
- 依頼をするにあたって、相手はすでにやってくれているという前提で感謝の念を示し、相手を手助けするというスタンスをとる。鉄則12
- 状況説明と、スプレッドシートから相手が受けられる利点を説明する。鉄則4
- 以上を書けば準備は完了。そしてポジティブな言葉とともに依頼をする。
- 最後はポジティブな文章で終わる。鉄則1

書き直してパワーメールに！

Dear Mr. A

I hope everything is going well for you.
As you mentioned in your previous e-mail, it is important for us to share the same vision of how to develop our sales.
Thank you very much for working with us on our research into competitors' prices. We have sent you a spreadsheet to make it easier to compare prices. If you input the data into the attached spreadsheet, **this price comparison will be automatically completed. We hope it will save you time.**
Once we complete this spreadsheet we can discuss how to cooperate further and develop the business more effectively in your market.
Would you complete this spreadsheet **so that we can share the same information,** and send it back to us by August 9th?
We are looking forward to hearing from you.

Best regards,

相手が言ったことに同意。

☺元気でやってるヨ。こっちが言ったことに賛成してるネ。

依頼したことを相手がやってくれている最中とみなして感謝。

相手の手助けとなるツールを紹介。

☺フーン。スプレッドシートを作って、気をきかせてきたか。

☺これが出来上がれば確かに役立つが、作るのが面倒かも。

十分に利点を説明してから、依頼。

☺そこまで言うならチョットやってみようか。

訳

御社にとって、すべてが順調に運んでいることと思います。

あなたが前回のメールで言われたように、販売をいかにして伸ばすかという同じビジョンを両社が共有することは重要です。

> 競合他社の価格リサーチを一緒にやっていただいていることに感謝いたします。価格比較がより簡単にできるように、スプレッドシートをお送りします。添付のスプレッドシートにデータを入力すれば、価格比較は自動的に完了します。そちらの時間節約になることを期待しています。
> ひとたびこのスプレッドシートを完成させれば、いかにしてより協力し合い、そちらの市場でビジネスをさらに効果的に発展させられるかを話し合うことができます。
> 両社が同じ情報を共有するために、このスプレッドシートを完成していただき、8月9日までに返送願えないでしょうか？
> ご連絡を心待ちにしています。

解説

SAKUSEN会議で検討したように、こちらは必ず返事をもらわなければならない状況にあります。

まず、以前相手が言っていた「売上拡大のビジョンの共有」をとりあげ、それに同意すると書いて相手が気分よくなる流れを作りだしています。

催促をするときは相手がやってくれているものと感謝をし、さらに手助けのためにツールを送付しています。このツール（スプレッドシート）の利点と活用方法を紹介。相手もある程度興味を持つでしょう。利点を紹介した上で、スプレッドシートにただ情報入力だけをしてくれと依頼をしています。

このスプレッドシートを完成させることはあなたが言った「売上拡大のビジョンの共有」を実現するためであることを最後に再び述べています。相手は気分よく協力する気持ちになってくれるでしょう。

今回の新たなポイント

依頼や説得をする場合、相手が言ったことで納得できることを取り上げて、それを行うために相手の協力が必要だと言う方法があります。相手は自分が言ったことの実現であるので、前向きに動いてくれる可能性が高くなります。

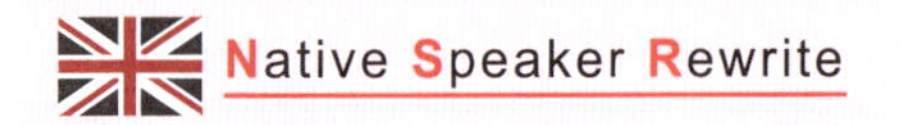

Dear Mr. A

As mentioned in your previous email, it is important for us to have a shared vision about how to develop our sales. With that in mind, we would like to collaborate with you on research of our competitor's prices. Please find attached a spreadsheet which we hope will make it easier for you to compare prices. If you input the data, **the price comparison will be calculated automatically. We hope you will find this useful and time-saving.** Could you please send it back to us by August 9th?

We are looking forward to hearing from you.

Sincerely,

with that in mind：それを考慮して

訳

あなたの前回のメールで述べられていたように、販売をいかにして伸ばすかというビジョンを共有することは、両社にとって重要です。このことを考慮して、競合他社の価格のリサーチについて御社と協同したいと思います。

御社が価格の比較をしやすくなればと思い、スプレッドシートを添付しましたのでご覧ください。データを入力していただければ、価格の比較は自動的に計算されます。これが有用で、時間節約ができるものであることがおわかりいただけることを願っております。8月9日までにご返送していただけますでしょうか？

お返事を心待ちにしております。

ダニエル先生のリライトも、鉄則を使いながらほとんどの文章が太字で示された前向きな書き方になっており、参考になります。特に、「ビジョンを共有する」という相手が言った言葉を用いて、これをベースに、御社へもお願いをしたいというふうに書き進めているので、説得力があります。

ケース
06 微妙な断り方

開発責任技術者のＦさんに、ドイツの会社からハイブリッドタイプの医療機器洗浄器の共同開発の話がきました。送られてきた企画書を検討したところ、社内では共同開発はすべきでないとの判断になりましたが、相手が独自で開発を行うのであれば、ある程度の技術サポートをして、関係を保っておきたいということになりました。もしその器械が市場で受け入れられるようであれば、Ｆさんたちも何かしらの形で参入できる可能性を残しておきたいのです。Ｆさんは次のような返事を書きました。

残念なメール

Dear Mr. C

Thank you for sending your plan for the joint development for the hybrid type medical cleaning machine.

We are sorry for our late reply.

We have studied the proposal, but we think it will be difficult to participate with you in this project. Our R&D department is working on many different projects at the moment.

We are sorry that we cannot take on your

共同開発の話は受け入れてくれるのかナ。

難しいけど、可能性はあるのネ。

受け入れてくれないようだ。ダメか。

project this time.
However, if you need our help, we are happy to support you.

Best regards,

エ、ダメと言ったんじゃないの？ どのようにサポートしてくれるの？？ どうなっているんだろう。

R&D : Research and Development の略。研究開発
take on : 仕事など引き受ける

訳

ハイブリッドタイプの医療用洗浄機の共同開発プランをお送りくださり、ありがとうございます。

お返事が遅くなり申し訳ありません。

当社で検討しましたが、当社が一緒にこのプロジェクトに参加することは難しいと思います。当社の研究開発部は数多くの異なったプロジェクトを進めております。今回、貴社のプロジェクトをお受けすることができず申し訳ありません。

しかしながら、もし貴社が私どもの支援が必要であれば喜んでお手伝いさせていただきます。

解説

このメールを書いたFさんは、断りづらいという気持ちがあったようです。また、最後の部分はリップサービスのつもりで今後ともよろしくと書こうとしたことと、会社の方針である可能性を残しておくということが合わさって、断る力がより弱くなりました。その結果曖昧になり、相手をかえって混乱させてしまいそうです。

メールの最初は前向きで良い文章ですが、その後に返事が遅れただけで簡単に謝ってしまいました（下線部分上）。無駄に自分の立場を弱めています。しかもわざわざ our を入れてour late reply となっているので、卑下しているような感じです。

気になるところは、謝らなくてもすむところで２回も謝っている

点です。返事が遅れたというささいなことと、相手の提案を受け入れられないということで謝罪をしています。相手の提案を断ることはこちらが悪いことをしているわけではありません。ビジネスでは当然ありうることで、相手も断られれば仕方ないと思うだけです。ここで謝ると、理由もなく相手に借りを作る感じになってしまいます。

断ろうとするときに、difficult to を使っていますが、望みをかけている相手は「難しいけれど可能性はある」と理解しそうです。その後に断っていますが、喜んで協力すると最後に書いてあるので、相手はどのように理解すべきか、次にどう動けばいいのかわからなくなります。

「白か黒か」という場合、日本人にはグレーゾーンがその間に大きくありますが、外国人、特に欧米人はグレーゾーンが極めて少ないのです。したがって、このケースのように「将来に含みを持たせる」というニュアンスは、伝わらないと思った方が良いでしょう。

しかし、会社の方針は変えられないものとして、これに沿ったリライトにトライしてみます。

SAKUSEN会議 リライトのポイントと今回使用する鉄則

今回の背景を再確認すると下記のようになります。

- 共同開発提案は断る。
- しかし相手が独自でやるのならば、ある程度の情報は提供しながら関係を保ち、何らかの形でハイブリッド型への参入の可能性は残しておく。

そこで、以下のような作戦を立てました。

- 始めと終わりはポジティブな言葉にする。鉄則1
- 今回謝る必要はない。鉄則3
- 断る時ときは、研究開発部が手が回らない状況を説明。次に「その理由で提案を受け入れられない」とハッキリ書く。鉄則8
- 最後に今後も何らかの協力をしていきたいと書くときは、相手を混乱させないように明確な書き方にする。

書き直してパワーメールに！

Dear Mr. C

Thank you for sending your proposal of the joint development for the hybrid medical cleaning machine.
We have studied it carefully, and find your basic idea interesting.
However, our R&D department is working on many different projects at the moment, and we are therefore unable to join you in this project.
However, if you decide to proceed with this project independently, **we may be able to offer you some support.**
Please feel free to contact me at any time.

Best regards,

まずはポジティブな言葉でスタート。

共同開発の話は受け入れてくれるのかナ。

事情を説明してハッキリ断る。

However の次に相手が少し希望を持てることを書く。

共同開発はムリでも協力はしてくれるかも。

必要なときはコンタクトしてみよう。

訳

ハイブリッドタイプの医療用洗浄機の共同開発プランをお送りいただき、ありがとうございます。

当社でいろいろ検討し、基本的なアイデアはおもしろいことがわかりました。

しかしながら、今当社の研究開発部は多くの異なったプロジェクトを進めておりますので、このプロジェクトを御社と一緒に進めることができません。

しかし、もし御社がこのプロジェクトを独自に進められることを決められたなら、当社もなにかしらのサポートをさせていただくことができるかもしれません。
　いつでもお気軽にご連絡ください。

解説

　SAKUSEN会議で検討したように、提案のお礼を述べた後、こちらの難しい状況を伝えてハッキリ断っています。
「提案を受け入れられない」という言葉は否定文にしないで、unable を使って形の上では平叙文にしています。ハッキリ断っていながらも否定文ほど拒絶感を与えないからです。
　協力の申し出を述べるところでは、御社が独自に(independently)開発を進めるならば、という条件を明記して共同開発ではないことをハッキリさせています。
　最後の文は、何か支援が必要であればそちらから連絡をしてくれと、次のステップも示しています。
　このように書けば相手も混乱することはないでしょう。

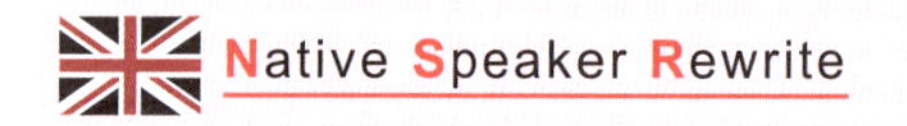

Dear Mr. C

Thank you for sending the proposal for the joint development of a new hybrid cleaning machine. We are interested in your idea, however at this stage we do not feel that we can participate in the development of this project with you, because our R & D department has many ongoing projects.
If you continue to develop this project independently, **we would still like to be able to offer you support if we can.**
We would like to wish you every success in this project.

Sincerely,

ongoing：進行中の

訳

新しいハイブリッドタイプの医療用洗浄機の共同開発プランをお送りいただき、ありがとうございます。

御社のアイデアはおもしろいものだと思いますが、しかしながら現段階では、当社は御社と共にこのプロジェクトに参画できるとは思いません。なぜなら当社の研究開発部は多くの進行中のプロジェクトをかかえているからです。

もし御社が、このプロジェクトを独自に進められるならば、可能であれば当社は支援のご提供をしていきたいと思います。

このプロジェクトのご成功を心よりお祈り申し上げます。

基本的な書き方は前のメールと同じですが、言い回しはとても丁寧で、相手の不快感を十分に和らげているように見えます。

特に最後のセンテンスはビジネスメールでは日本人にとってはあまり書き慣れないような文なので、参考になります。

謝罪・提案

Ｋさんが勤めている会社は、計測器メーカーで海外の代理店に製品を販売しています。ある海外代理店から、故障した器械が修理のために１ヵ月前に返送されてきました。しかし、パーツを改良する必要が生じ、そのパーツがやっとでき上がったところです。代理店からは催促が来ていますがまだ時間がかかります。Ｋさんがおわびかたがた書いたメールです。

残念なメール

Dear Mr. S

Thank you for your e-mail concerning the repair of the equipment you sent.
We are sorry for taking a long time to perform the repair. We will make it our top priority. Let us inform you tomorrow when the repair has been finished.

困ったもんだ。どうなっているの？

Sorry again for the trouble we have caused you.

本当にしょうがないな。

We would like to propose working with you to shorten our repair time, in order to develop our business in your market in the near future. Let us discuss this matter soon.

今後について話し合うのはいいと思うけど。

In any case we will repair the equipment as soon as possible.

Best regards,

☹その前に、この修理を早く何とかしてヨ。

訳

　御社から送られてきた器械の修理についてのメールをありがとうございます。

　修理に時間がかかり申し訳ございません。当社は本件を最優先にしています。いつ修理が上がるかを明日ご連絡させてください。

　当社が御社にご迷惑をおかけしたことをあらためておわびいたします。

　御社の市場で近い将来ビジネスを発展させるために、修理時間の短縮を御社と一緒に取り組むことを提案したいと思います。近々、本件を協議いたしましょう。

　ともかく、当社はその器械をできるだけ早く修理するよう心がけます。

解説

　最初の文で、Thank you と言った直後に We are sorry と書くと、こちらの立場は非常に弱くなってしまいます。

　中盤でまた Sorry again と謝っていますが、この文は不要です。しかも、下線部のように「我々があなた方に迷惑をかけた」という書き方は自分をさらに弱めます。これらの書き方はビジネスレターには適しません。

　後半は積極的な提案をして雰囲気を良くしていますが、最後に修理遅れの話を再び持ち出して相手の不満をむし返しています。メールの体裁を整えようとして書いたのかもしれませんが、この文は不要。言うまでもなく、メールの体裁よりもビジネスがうまくいくことの方が大事です。

　積極的に書こうという気持ちも見えましたが、上述のように改善点も幾つかあります。これらを考慮してリライトをしていきましょう。

SAKUSEN会議 リライトのポイントと今回使用する鉄則

今回のメールの背景は次の通りです。

- 修理が遅れていて相手に迷惑をかけているので、一方的にこちらが悪い状況。キッチリ謝る必要がある。
- 修理を早めるアイデアがあることを連絡する。

具体的には次の順序で書いていきます。

- Thank you から入る（"Sorry" を最初に書かない）。鉄則1 鉄則3
- まず、状況説明。不具合の理由と対策、出荷情報を知らせて、相手を安心させる。
- その後にしっかり謝罪。謝罪の言葉はこの1回で終わらせる。謝る範囲を狭く限定。修理に時間がかかった点のみ謝る。鉄則11
- 今回は、その後にアフターサービスに関する新たな提案。こちらの積極性を示すことにもなり、良い雰囲気にもっていける。謝罪によりトーンが下がった後なので、プラスのエネルギーを補給する意味でも効果的。鉄則7
- 最後は前向きな話題のままで終わる（修理遅れの話を蒸し返さない）。

書き直してパワーメールに！

Dear Mr. S

Thank you for your mail concerning the repair of the equipment you sent us.
We have improved the quality of the spare parts. The modifications have just been completed. Tomorrow we will inform you when the repair will be finished.
We are very sorry for spending a long time on this repair.

We would also like to take this opportunity to discuss how to shorten the repair period in order to improve the business in your country. We think basically the repairs should be done near customers. We will send you more details about our idea next week.

Best regards,

修理はもうじき終わるかナ。

ポジティブな雰囲気を作る。

パーツを改良していたのか。まだ時間はかかりそうだ。

相手が状況がわかった頃、修理遅れだけを1回謝る。

とにかく早いとこ頼むヨ。

別な前向きな話題に入る。

何だか積極的だネ。悪いことではなさそう。

前向きな話のまま終る。

修理ではいつも頭が痛いから、チョット楽しみ。

訳

貴社から返送された器械の修理についてのメールをありがとうございます。
当社はスペアパーツの品質を向上させました。改良がちょうど終わったところです。いつ修理が終わるか明日ご連絡します。
この修理に長い時間を費やし、大変申し訳ありません。
この機会に、あなたの国でビジネスを発展させるために、御社と協力していかに修理期間を短縮するかということを話し合いたいと思います。修理は基本的に顧客の近くで行われなくてはならないと考えております。来週、我々のアイデアについてより詳細なものをお送りいたします。

解説

この謝罪メールは、SAKUSEN会議で考えられた順番で書かれています。おもに **鉄則11** を使って、痛手を受けることが少ない謝り方になっています。後半は相手も興味がありそうな提案について書かれているので、全体的にこちらの立場が悪くなることは防げるでしょう。

Dear Mr. S

Thank you for your email concerning the repair of the equipment you sent to us.
We have improved the quality of the parts. This took us longer than anticipated, **but we are pleased to say** that we will be able to inform you tomorrow when the entire repair will be completed.
We would like to take this opportunity to discuss with you how we could shorten the repair period, in order to make our business operation more efficient. We believe that it would be better to perform repairs closer to the customer's location. We will send you a detailed explanation of this idea next week.

Sincerely,

訳

貴社から返送された器械の修理についてのメールをありがとうございます。

当社はパーツの品質を向上させました。予期したよりも時間がかかりましたが、明日、修理がいつ完了するかご連絡申し上げられることをうれしく思います。

この機会に、事業の効率化を図るために、いかにして修理期間を短縮するかということを話し合えればと思います。修理は顧客の場所のより近くで行う方が良いと信じております。来週、このアイデアの詳細なご説明をお送りいたします。

このリライトのほとんどの文章は太字のポジティブなものになっています。その結果、謝罪のメールのはずが謝罪の言葉を書かずに要件を伝えることができています。

ケース
08
断り

輸出先の海外代理店から、100万円の注文がとれたので、至急、後払いで商品を出荷してほしい、この分の支払いは今月中に必ず行うとの連絡がありました。

本来前金なのですが、このようなことが何度か重なり、海外代理店の未払い金が500万円になってしまっています。これ以上未払い金を増やしたくない担当のKさんは、次のような断りのメールを書きました。

残念なメール

Dear Mr. J

We have received your e-mail dated May 1st. You requested an immediate shipment of one million yen's worth of goods with payment after delivery.
Unfortunately we can't accept it. As of today five million yen is outstanding. Before you ask us to send the shipment, please settle this outstanding amount first.
We are sorry not to meet your request.

Best regards,

出荷はOKしてくれるかな。

何だ、ダメか！ガックリ。

まず未払い金を払えだって？　こっちの状況を全然わかってくれてない。

ああ、冷たい会社だ。

outstanding：未払いの

訳

5月1日付のメールを受領いたしました。貴社は後払いで 100 万円に相当する商品の即座の出荷を要望してきました。残念ながら当社はそれを受け入れることはできません。今日現在 500 万円の未払い金があります。貴社は出荷を求める前に、まずこの未払い金を払ってください。

ご要望に応えることができず申し訳ありません。

解説

場合によってはこのような高圧的なメールを書かざるを得ないこともあるかもしれませんが、通常のビジネスであれば、この書き方はやりすぎです。高圧的でありながら最後に謝っているのは、腰くだけの感じがします。また、今回の100万円のオーダーを何とか得ようとする気持ちも感じられません。

これから先、この代理店とのビジネスはどうなるのか、少し不安も感じます。

SAKUSEN会議 リライトのポイントと今回使用する鉄則

今回のメールの背景は次の通りです。

- 相手の未払い金が500万円ある状態で、100万円の後払いの出荷を要求してきたが、これ以上未払い金を増やすことは危険であり出荷できる状況にない。
- 500万円の未払い金を少しでも払ってもらわなければならない。
- 一方、100万円でも売上は欲しい。
- 以上を考えると、代案としては弱いかもしれないが、100万円前払いならば出荷をするという案を提示する。今回は、後払いは断ることを書き、500万円の取り立ては大きな用件なので、別途行うことにする。

上記の方向が決まったならば、次のような順序で書いていきましょう。

- Thank you から入る。鉄則1
- 感情的にならずに鉄則5、具体的に500万円の未払い金があることを書き、状況を詳しく説明。説明中、不都合なことを言うときは we、I は使わない。鉄則9
- この状況により相手の要求は受け入れられないと書く。鉄則8
- 代案（条件）として、前金であれば今回の出荷は行うと書く。鉄則13
- 最後は前向きな表現で終わる。鉄則1

書き直してパワーメールに！

Dear Mr. J

Thank you for your mail concerning a new order of one million yen with Open Account.
As you know five million yen is still outstanding on your account. Our accounting department requires this to be rectified as soon as possible. Due to this, your order cannot be accepted.
However, if you can pay the one million yen first, we will be able to process the order.
We are looking forward to hearing from you.

Best regards,

未払い金があり困っている状況を説明。

まあ、その通りではあるが。

この状況のせいで断る。断り方は受け身で。

ああ、やっぱりダメか。

However を使って代案を示す。

「しかしながら」？何か良いことを言ってくれそう。

ウーン。前金ならばOKか。当たり前の話だが。

最後は前向きな言葉で終わる。

チョット考えてみよう。

Open Account：後払いの送金取引（売り手のリスクは大きい）
rectify：正しく直す、改正する

訳

オープンアカウントで100万円の新しい注文についてのメールをありがとうございます。

ご存じのように、500万円が依然として未払い金となっております。当社の経理部よりできるだけ早くこれを正すよう要請が来ています。このことにより、ご注文をお受けすることができなくなっています。

しかしながら、もし先に100万円をお支払いいただければ、この注文をお受けして処理することは可能です。

ご連絡を心待ちにしています。

解説

SAKUSEN会議の考え方に沿ってリライトされたメールのポイントは次のようになります。

冷静にこちらの状況説明をしています。未払い金の支払いは、社内の専門部署である経理部が要求していると書かれています（実際には未入金の社内的責任は担当のKさんのところにありますが）。このような場合は We や I ではなく経理部にした方が好都合です。専門部署であれば、相手はネゴをしようという気にはなりにくいからです。

断る文章（下線部）は受動態にして we を使わずにえん曲な表現になっています。

また、However を有効に使ってこちらの代案を引き立てる効果も出しています。

このメールにより、相手が前金で支払ってくるかどうかは微妙なところですが、少なくとも今回の本題であるオープンアカウントを断ることは、相手に大きな不快感を与えることなくスムーズにできているはずです。

Dear Mr. J

Thank you for your recent order worth one million yen.
Unfortunately your account with us is currently five million yen in debt, for this reason we are unable to process your order. Our accounts department respectfully requests that the outstanding 5 million yen is paid as soon as possible.
Naturally, if you can pay the one million yen first, we will be able to process the order.
We thank you for your understanding in the matter.

Sincerely,

respectfully：謹んで

訳

つい先日の100万円に値するご注文をありがとうございます。しかしながら、こちらの御社のアカウントには500万円の未払い金がございます。この理由により、ご注文を受けて処理をすることができません。当社の経理部は500万円の未払い金が早急に支払われることを謹んで要求しております。

当然のことながら、最初に100万円をお支払いいただければ、その注文をお受けして処理することができます。

この問題についてのご理解を感謝いたします。

ダニエル先生の書き方も、感情的にならず状況を客観的に説明しています。断るときはweを主語にしているものの、この状況が原因であることを明確に述べています。

ケース
09
感情的にならずに断る

眼鏡レンズメーカーの担当者Fさんが書いたメールを見てみましょう。ある新興国の代理店の担当取締役に出したメールです。Fさんは相手から法外な値引きの要請を受け、感情的とも思える返事を出しました。

どんなときでも、相手の自尊心は決して傷つけないようにする心くばりは大切です。

残念なメール

Dear Mr. B

We are carefully reviewing your proposal.
We will send you our comprehensive
comments later.
However, we have to say that the proposed
discount program does not make sense as
it is very different from our contract. Our
general manager Mr. Hashimoto found it
was very displeasing to read.
If you really wish to continue business with
us, you should make a more reasonable
proposal.

Best regards,

どんなことを言ってきたかな。

エー！
こっちの提案がナンセンスだって！

何を偉そうなこと言ってるの!?

何てこった。
イライラ!!

訳

　ご提案を注意深く検討しています。
　総括的なコメントは後ほどお送りいたします。
　しかしながら、提案された値引きプログラムは契約とは大変異なっており、理に適っていないと言わざるを得ません。我々の部長である橋本は読んで大変不快に思いました。
　もし、当社とビジネスの継続を本気で望むならば、あなたはもっと筋の通った提案をするべきです。

解説

　特に新興国では安いレンズが出回っており、日本のメーカーは値段では太刀打ちできない状況になっているようです。しかしFさんが感情的にこれだけ強く書いたからには、相手の提案が非常識なものだったのかもしれません。しかし、だからといってこのように相手の自尊心を踏みにじるようなメールを出せば、たとえこちらの言うことが正しくても、相手は感情的にも反発し、ビジネスの成功は遠のくだけです。

SAKUSEN会議　リライトのポイントと今回使用する鉄則

　そもそもFさんは何のためにこのメールを書いたのでしょうか。メールの目的は、提案の受領の連絡と返事は来週になると伝えることの２点のはずです。そうであれば、最初の2つの文だけでも事は足りたはずです。
　Fさんには、こちらからの返事がネガティブなものになることを前もって伝えておこうという気持ちがあったようなので、ここではあえてその気持ちを取り入れた形にしてリライトしてみましょう。

　相手の依頼を断ることは、相手の自尊心を少なからず傷つけるものです。それを避けるために、こちらの意見や感情ではなくて事実を伝えることです。そうすれば、たとえそれが相手にとって不利なものであっても、相手は感情的になったり自尊心を傷つけられたと感じることは少なくなります。

このメールの内容は、ポジティブに書ける要素はほとんどないのですが、次のような書き方をすればネガティブな表現はかなり取り除かれ、相手にとって読みやすいメールになるでしょう。

- 前向きな言葉で入る。鉄則1
- 今回、言うべきこと、つまり提案の受領の連絡と正式な返事は来週になることの2点を述べる。
- 追加情報として個人的な見解を、ネガティブな感情を入れずに客観的に述べる。鉄則5
  ここで議論が始まらないように、あっさり書く。
- 最後は多少なりともポジティブに。鉄則1

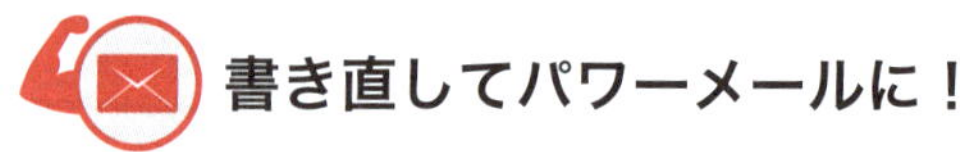

Dear Mr. B

Thank you for your proposal.
We are reviewing it and will send our reply next week.
The following is my impression of the proposal.
I am afraid that some parts of the proposal do not conform to the current contract. It will make our internal discussion tough.
After we discuss with our general manager Mr. Hashimoto, I will inform you of the results of our discussion.

Best regards,

頭にきているときでも冷静に前向きに書き出す。

送った提案を、ちゃんと検討してくれそうだ。

こちらの状況を参考までに、客観的に書く。

確かに契約と違う部分があるかもしれないが…。

多少なりとも前向きなニュアンスで終わる。

チョット無理かな。うまくやってよ。

訳

ご提案をありがとうございます。
我々はそれを検討しており、来週お返事いたします。
下記はご提案についての私の印象です。
ご提案のいくつかの部分が現在の契約と一致していないことが懸念されます。その点が社内の議論を難しいものにするでしょう。
橋本部長との打ち合わせの後に、その結果をご連絡します。

解説

「冷静に、相手の自尊心を傷つけないように」という**鉄則5**を頭に入れて書き直しました。メールの受領と、返事は来週にするという

２点を伝え、さらに相手は、来週の返事はあまり期待しない方がいいということがわかったでしょう。また、これを読んで相手は感情的になることはないはずです。今日のところはこれでOKとなります。

Dear Mr. B

Thank you for your proposal. We are currently in the process of reviewing it and we will send you our full response next week.
We are somewhat concerned that some aspects of the proposal do not conform to our current contract arrangement, and this may create difficulties for us.
We will have a detailed discussion with our general manager Mr. Hashimoto, and following that we will write to you with our thoughts on how to move forward.

Sincerely,

somewhat：いくぶん、多少、
be concerned：気になる、心配する

訳

　ご提案をありがとうございます。こちらは現在、そちらを検討しているところであり、来週すべて返事をいたします。
　ご提案のある面が、現在の契約での取り決めと一致していないことがいくぶん気になり、これが当社にとって困難なことになるかもしれません。我々は詳細な話し合いを部長の橋本と持ち、どのように進むか我々の考えを書いてご連絡いたします。

　基本的に前のパワーメールと同じ順序で書かれています。今回のメールで一番気を使うところは、相手に可能性が薄いことを前もって伝える点です。このメールの中盤のグレーで書かれた部分です。とてもソフトな表現を用いながら、伝えるべきことはしっかりと書かれています。

ケース 10

値上げ通告

担当者のYさんが代理店へ出した値上げを通知するメールです。言いにくい気持ちがそのまま出てしまっているメールです。

残念なメール

Dear Mr. L

We have to inform you that we will change our prices because of the increasing costs of raw materials.
We have attached the new price list. It will be effective from April 1st 2018.
We are sorry for the inconvenience. We kindly ask you for your understanding in this matter.

Best regards,

ウワー！
値上げの連絡か。

こっちの計画が
くるってしまうヨ。

謝るくらいなら
値上げしないでヨ。

理解なんか、でき
るわけないでしょ。

訳

原材料の値上がりにより価格改定を行いますことをご連絡しなければなりません。
新しい価格表を添付いたします。2018年の4月1日から適用されます。
ご迷惑をおかけすることを申し訳なく思います。本件のご理解をお願い申し上げます。

解説

相手に通告をするときは、こちらは断固たる意志が必要です。しかし、最初に「値上げを連絡しなければなりません」という申し訳なさそうな言い方をして、冒頭から腰が引けている感じです。最後は謝罪をし、状況をご理解くださいとお願いをしています。

少しふらついている印象を与え、相手が文句を言うスキを作っているメールです。

SAKUSEN会議 リライトのポイントと今回使用する鉄則

今回のメールの背景と対応策は次の通りです。

- 相手が嫌がる値上げの通知なので、あまり感情を交えずに事務的に決定事項として通達するほうがいい。相手にとって不愉快なことを伝えるのに、ポジティブな雰囲気を作るとかえって不自然に。
- 新しい価格は動かせないものなので、強い意志を持って相手に議論の余地を与えないようにする。

これらを意識して、次のような順番で書きます。

- 入り方はニュートラル。今までのメールのようにポジティブな雰囲気はかえってマイナス。
- まず状況・経緯を説明。
  相手がイヤイヤながらもある程度理解したところで、この状況のせいで値上げをせざるを得ないと書く。鉄則8 は相手の値下げ要求を断る内容だったが、値上げのときも書き方は一緒。
- 謝罪の言葉などは一切書かない。自分の立場を弱めて相手に議論の余地を与えることになるから。

- 最後はできれば相手が少しでも安心することを書きたい。鉄則1
  ネガティブなことの後に however を使って、安心感を多少なりとも与えることを書ければ効果的。鉄則19

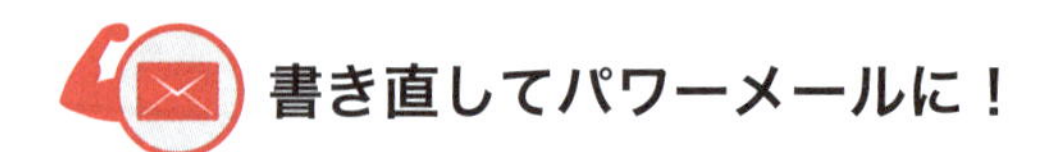

書き直してパワーメールに！

Dear Mr. L

This is to inform you of our price change.
As you know in last 2 years the costs of raw materials have increased due to political instability. We have made efforts to reduce other costs to maintain our present price.
However, we are unable to do any more, and we have been forced to change the price.
Attached is the new price list. It will be effective from April 1st of 2018.
However, the orders we will receive by March 31st will be shipped with the present prices.

Thank you and best regards,

ニュートラルに入る。

ウワー、値上げの連絡だ。

経緯、状況を説明。

我々は価格変更を強いられたと書く。

どうしようもなさそう。

多少なりとも安心感を与える。

今のうちに多めに買っておこうかな。

political instability : 政情不安

訳

価格改定のお知らせです。
ご存じの通り、この２年間原材料の価格は政情不安により値上がりをしています。当社は現在の価格を維持するために他のコスト切り下げに努力してまいりました。しかしながら、もうこれ以上はできず、価格改定を余儀なくされました。
新しい価格表を添付いたします。2018 年４月１日から適用されます。
しかしながら、3 月 31 日までに受けた注文は現在の価格で出荷いたします。

解説

この書き直したメールは、SAKUSEN会議の検討にもとづいて、次のような展開になっています。

出だしはニュートラルに入っています。こちらの状況と経緯を伝え、原材料の値上がりで価格変更を余儀なくされたという書き方。そして最後には、3月末までの受注分は現行価格を適用すると書いて相手を多少なりとも安心させています。相手はそれまでに多めに注文をしておこうかと、別な方向を考え始めるかもしれません。

この書き方であれば、相手は特に何か言ってくることはないでしょう。

今回の新たなポイント

相手に何かを通告するときは、事務的に決定事項として連絡をします。もし相手に申し訳ないというような気持ちを示すと議論の余地が生じる可能性があるので、強い気持ちで臨むことが大事です。相手から見れば、「取りつく島もない」という書き方です。

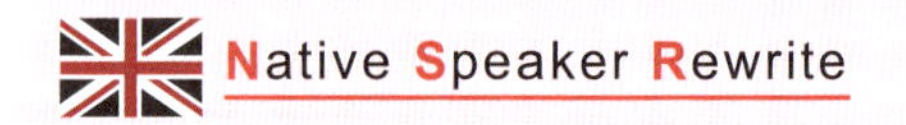

Dear Mr. L

We are writing to inform you of a price change.
As you will be aware, the cost of raw materials has increased over the last two years, because of the current political climate. We have made a great effort to reduce other costs to compensate, however in our current situation, we have no choice but to increase our price.
Attached is the new price list, effective from April 1st 2018. Orders received by March 31st will be shipped at the current prices.
We are looking forward to receiving your order.

Sincerely,

climate：傾向、風潮、気候

訳

価格改定のお知らせを書いております。

お気づきのことと思いますが、このところの政治情勢により原材料の価格がこの２年にわたり値上がりをしています。当社はその分を補うべく、他のコストを下げるための多大な努力をしてきました。しかしながら、現状では価格を上げる以外に選択肢がございません。

新しい価格表を添付いたしました。2018年４月１日から適用されます。３月31日までに受領した注文は現在の価格で出荷いたします。

ご注文を心待ちにしています。

基本的には、前のパワーメールと同じ書き方です。値上げを通告する言い方は、下線部のように「現状では値上げをする以外に選択の余地がない」と書いて、相手の不満の矛先がこちらに向かわないようにしています。この書き方も参考になります。

小林先生より

コラム 説得力のあるメール

鉄則3などで、パワーメールの最後に「確約はできないが、早期に出荷するよう努力する」と書きました。

このような言葉はリップサービスであり、実行が伴わないことがほとんどかもしれません。しかし、努力すると書いたからには、本気で早期出荷に取り組む人もいます。それが成功したら、相手は本当に喜ぶでしょう。

このような努力の積み重ねによって、その人の書くメールに信頼と重みが増していくのです。

メールの説得力は、書く人の人間性と深い関係があります。すばらしい人間性に裏打ちされたメールは、テクニックという次元を超えて、相手の心に届くメールになるでしょう。

あとがき

本書では20の鉄則を紹介してきました。堂々として説得力のあるメールを書くために、これらのノウハウを実践で、ぜひ役立てていただけたらと思います。

そして、強くて余裕のある国際ビジネスパースンが、日本に１人でも多く増えることを願っています。そのような人たちが増えることによって、新たな活力が生まれるものと信じています。そのお手伝いができればうれしい限りです。

本書では次のようなことを書きました。
極力前向きな言葉を使おう。ネガティブな話題でも、ポジティブな面を探してそこから明るい気持ちで話し出そう。相手を思いやろう。相手が頭にくるようなことを言ってきても感情的にならず、冷静に対処しよう。
これらのことを書いた意図は、立派な人間になりなさいということではありません。ビジネスを成功へ最短距離で導くために必要なことだからです。あくまでも海外事業を成功させるためのビジネス手段として書いたのです。

しかしながら、そのような考え方で日々メールを書いていると、結果的に習い性となり、人格の一部となっていきます。その良い影響はビジネスだけに収まらないはずです。英文ビジネスメールを書くことを通して、読者の方々が日々磨かれて、さらに良い未来が開かれることを望んでいます。

本書で紹介した20の鉄則はまだ入り口かもしれません。みなさんがご自分で、本書の鉄則を超える独自の鉄則を創り出していくことは可能なはずです。多くの新しい鉄則が、みなさんの力で生まれることを期待しています。本書がそのきっかけになれば幸甚です。

最後になりましたが、私たちの企画を支持してくださり、多くの助言と手助けをしてくださったダイヤモンド社編集部の真田友美様には心より御礼を申し上げます。

[著者]

小林 誠（こばやし・まこと）

海外事業・ビジネスコミュニケーションアドバイザー
成城大学卒業後、PENTAX / HOYAで約30年、医療機器関係の海外営業に携わる。ドイツ駐在、シンガポール支店長、本社の医療機器関係事業部の営業部長などを務める。その間、40ヵ国以上の人々とビジネスを行い、海外とのメールの通信は約2万回。その後JETROの中小企業海外進出支援専門家として、多くの中小企業の海外進出をサポート。現在も中小企業の海外進出を支援。英文メール、海外交渉のノウハウを伝える。

ダニエル・ジェイムズ・ブルックス（Daniel James Brooks）

国際基督教大学特任講師
イギリスのマンチェスター出身。Nottingham Trent University, U.K. 卒業。専攻は化学。University of Nottingham, U.K.にて英語教育修士課程修了。リサーチ会社勤務や英語教師を経験したあと来日し、2006年より福岡大学、早稲田大学、上智大学で教鞭をとる。2015年4月より現職。著書、出版物に『BBC Understanding the News in English』2巻、3巻（金星堂）などがある。その他、海外の雑誌などに論文を掲載。

思い通りに相手を動かす
英文パワーメール20の鉄則
——ビジネスメールに自信がつく！

2017年9月13日　第1刷発行

著　者——小林 誠／ダニエル・ブルックス
発行所——ダイヤモンド社
〒150-8409　東京都渋谷区神宮前6-12-17
http://www.diamond.co.jp/
電話／03·5778·7232（編集）　03·5778·7240（販売）
装丁————小口翔平＋三森健太(tobufune)
本文デザイン—大谷昌稔
製作進行——ダイヤモンド・グラフィック社
印刷————堀内印刷所(本文)・共栄メディア(カバー)
製本————本間製本
編集担当——真田友美

ISBN 978-4-478-10192-6